호주
의대 입시의
모든것

호주 의대·치대·수의대 입학전형과
대학 정보를 모은 한국 유일 호주 입학 가이드북

호주 의대 입시의 모든것

의대·치대·수의대 편

김동욱 저자

맑은샘

링크 오스트레일리아를 운영하기 시작한 지는 올해로 15년이 되었지만, 호주 유학 시절부터 시작한 유학 컨설팅은 19년 차가 되어간다. 호주에서 유학 컨설팅에만 집중하던 경험에서 벗어나, 2015년 한국 지사 설립을 계기로 미국, 영국, 캐나다로 유학을 떠나는 많은 한국 학생들을 만날 기회가 생겼다. 우수한 한국 유학생들을 유입하는 데 있어 다른 나라들에 비해 호주가 가진 경쟁력에는 어떤 것이 있을까 고민하게 되면서, 의약 계열 입시 컨설팅을 시작하게 되었다.

하지만 컨설팅 시작 초기에는 호주 의약 계열 입시에 도전해 보겠다고 고민하는 학생을 찾는 것조차 어려웠고, 비슷한 업무를 하는 주위 지인들조차 사업적으로 성장 가능성이 없다며 우려를 표했다. 그럼에도 한국과 세계 여러 나라에서 훌륭한 학업적 능력을 가진 학생들을 만나볼수록 호주 의약 계열 입시는 글로벌로 진출하려는 꿈을 가진 우리 학생들에게 좋은 기회가 될 수 있다는 생각이 점점 확고해졌고, 지금까지 이 길을 걸어오게 되었다. 입학 가이드는 고사하고 입학전형조차 정리가 안 된 호주 의약 계열 입시 분야에서 지금보다 많은 학생이 호주로의 유학을 준비하게 될 때 필요한 입시 자료들을 모아두면 멀지 않은 시기 유용하게 활용할 수 있을 것이라는 확신을 가지고 매년 꾸준히 모은 자료들이 이 책의 기초가 되었다.

『호주 의대 입시의 모든 것』

책 제목을 흔한 입학 가이드나 안내서로 하지 않은 이유는 의약 계열 전문 컨설턴

트로서 나 역시 겪었던 어려움들을 해결하기 위해 만들었던 자료정리 노트를 취합해서 만든 책이기 때문이다. 2017년 첫 호주 의대 입학생이 나온 후 2018년 첫 의전원, 수의대, 치대 입학생 배출을 거쳐 매년 한두 명이었던 지원자들이 오십 명, 백 명으로 늘어나는 동안 쌓인 학교별 입시전형, 대학별 시험 기출 문제, 학교별 인터뷰 및 입시 자료 정보들을 꾸준히 모아 노트로 정리해 두었다. 언젠가 누적 합격생 100명이 넘는 때가 오면 관련 책을 써서 훗날 이 길을 걸어갈 많은 지원자들에게 도움을 주어야겠다고 혼자 막연하게 결심을 했었다. 그리고 2022년, 합격생이 100명을 넘어가게 되면서 그해 여름부터 호주에서 쓰기 시작한 이 책이 지금 이렇게 마무리가 되니 감회가 새롭다.

링크 오스트레일리아를 운영하면서 '유학'이라는 카테고리 안에서 평범하거나 쉬운 길을 따라가지 않으려 노력하였고, 우리가 열고 있는 이 길이 해외 유학을 꿈꾸며 고민하는 사람들에게 작은 대안, 차선, 그리고 누구에게는 최선의 길이 되고 있다고 믿고 있다.

처음 링크 오스트레일리아를 시작하면서부터 지금까지 함께 해주고 있는 모든 스태프들에게 진심으로 감사하며, 특히 책의 시작과 끝을 함께 한 신수지 실장님께도 진심으로 감사와 고마움을 전한다.

링크 오스트레일리아를 통해 호주에서 의약 계열 학업을 시작한 분들과 또 앞으로 하게 될 모든 분들의 졸업 후 미래가 희망차기를 진심으로 바란다.

2024년 7월
김동욱

PART 2. 의대·치대·수의대 입학정보

PART 3. 실전, 입학 준비

PART 4. About Australia

CHAPTER 2.   Study and Live in Australia

우리는 왜 호주 의약 계열에
집중하게 되었는가?

한국은 호주와 무역으로 6위, 사회적 관계성으로 4위, 유학생 숫자로 10위권을 유지하고 있으며, 양국 간의 협력 관계만으로도 호주 대학 졸업 후 좋은 기회가 많이 주어진다. 호주는 한국의 40배가 넘는 큰 면적을 가진 나라임에도 불구하고 인구는 한국의 절반 정도인 2,500만 명이 살고 있다. 그런 이유로 호주는 1970년 이후부터 적극적인 이민 정책을 통해 세계 여러 나라 사람들에게 영주권을 부여하며 기회를 제공하고 있다. 특히 의약 계열은 전문직 혹은 특수직으로 분류되어 졸업 후 호주에 정착하고자 하는 사람들에게 많은 기회가 주어지는 분야이다.

그러나 기술 이민을 통한 영주권 취득이나 워킹 홀리데이 수요가 정규 유학에 비해 많다 보니, 정규 대학 입학을 희망하는 지원자들에게는 정보가 상대적으로 부족하다. 게다가 정규 유학 중에서도 졸업 후 영주권 취득이 용이한 학과로 진학하는 '유학 후 이민'이라는 다소 정해진 방향 하의 유학이 주를 이루다 보니, 영주권 취득이 용이하지 않거나 상대적으로 이 복잡하고 어려운 의약 계열 학과에 대한 정보는 더욱 부족한 실정에 있다.

한편, 한국 학생들의 유학은 초기 미국을 시작으로 호주, 캐나다, 영국과 같은 주요 영어권 국가를 포함해 홍콩, 싱가포르, 중국 등 아시아권까지 이미 넓혀졌고, 학과 특성과 취업 가능성을 바탕으로 유학을 희망하는 국가는 점차 다양해지고 있다.

하지만 과거 유학의 모습과 다른 중요한 특징은 단순한 어학연수나 목적성 없는 유학의 수요가 해가 갈수록 줄어들고 있다는 점이다. 현재 한국의 유학 시장은 유럽이나 싱가포르 학생들처럼 목적이 분명하고 명확한 유학으로 그 수요가 옮아가고 있다.

2010년 호주 브리즈번에서 링크 오스트레일리아를 시작하면서, 저자도 다른 유학 컨설팅 업체들과 비슷한 형태의 유학 프로그램인 단기 어학연수, 워킹 홀리데이, 일반 유학 프로그램을 다루었다. 그러나 2015년 한국 지사 설립 후, 미국과 영국 그리고 그 외 나라들로 유학을 떠나는 많은 학생들과 컨설팅을 진행하면서 호주로의 유학도 보다 다양한 학과들로 이루어져야 할 필요성을 느꼈다. 더 전문적인 학과들로 진학하고자 하는 바람이 학생들에게 있음을 발견하였고, 그 중심에 의약 계열 또는 특수학과로 분리되는 학과로의 입학을 희망하는 수요가 있음을 깨닫게 되었던 것이다.

유학생 입장에서 볼 때 의약 계열 입시는 각 나라의 의료체계를 비롯해, 각 학교의 유학생 입학 가능 여부와 정원, 지원 조건, 졸업 후 진로 및 취업까지 고려해야 한다. 따라서 단순한 일반 유학과는 다르게, 세심하고 디테일한 입시 전략과 진학 지도가 필요하다. 2020년부터 약 3년간 팬데믹이라는 예상치 못한 상황을 전 세계가 겪게 되면서 '의대 열풍'이라는 현상이 일어나게 됨에 따라 호주를 포함한 의약 계열 유학 역시 같이 조명을 받는 상황이 펼쳐지게 되었다. 그러나 단순한 열풍이나 관심만으로 진행하기에 호주 의약 계열 입시전형은 매년 어려워지고 복잡해지기 때문에 반드시 이를 수시로 체크하여 꼼꼼하게 준비해야 한다.

이러한 상황들을 종합해 보았을 때 저자는 호주 의약 계열로의 유학이 한국 학생들에게도 앞으로 필요한 유학 방향이 될 것이며, 전문 컨설팅으로 복잡한 입학전형에 세세하게 대비하여 학생들의 입학 과정을 돕는 것이 필요하겠다는 확신이 들었다. 그렇게 호주 전문 유학 컨설팅 업계에서는 아무도 다루지 않았던 호주 의약 계열 입시를 전문적으로 시작하게 되었고, 2017년 처음으로 시드니대학교 의전원 학·석사 통합과정 합격생과 퀸즐랜드대학교 의전원 Doctor of Medicine 의대 합격생을 배출한 이후 지금까지 최선을 다해 학생들의 의약 계열 입시를 돕고 있다.

처음 우리가 호주 의약 계열로 입시를 준비한다고 했을 때, 방향성에 대해서 조언을 해줄 누구도 없었기 때문에, 우리는 스스로에게 세 가지 질문을 던졌다. 이 질문에 대한 답이 지원자와 우리에게 이해가 되고 납득이 된다면 한국 학생들에게도 또 하나의 좋은 선택지로 자리 잡고 도움이 될 것이라고 확신했다.

첫 번째, 호주 의약 계열 입시는 영어권 다른 국가(미국, 영국, 캐나다)에 비해 어떤 장점이 있는가?

두 번째, 호주 의약 계열 입시를 준비하는 한국 학생들에게 나라별, 인종별, 쿼터별 제한과 차별이 있는가?

세 번째, 졸업 후 한국을 포함한 다른 나라와 비교해서 비자, 연봉, 근무 여건에 대한 장점이 존재하는가?

우리는 이 세 가지 질문에 대하여 개인의 의견이 아닌 구체적인 데이터를 바탕으로 한 답변을 한 후 입시 컨설팅을 시작한다. 그리고 이에 대한 답이 명확하다면 우리는 호주 의약 계열 유학을 고민하는 한국 학생들에게 충분히 설득력이 있을 것이라 생각한다.

호주는 미국과 달리 의예과 학부 과정과 의학전문대학교 과정, 그리고 고등학교 성적에 따라 의전원 자리를 보장받을 수 있는 의학전문대학원 학·석사 통합과정에서 유학생 입학을 허용하고 있고, 전체 의대·치대·수의대(대학원 과정 포함) 모집 정원의 약 30%에 해당하는 인원을 유학생만으로 별도 선발하고 있다. 치대와 수의대 역시 미국이나 영국처럼 학부와 석사과정을 모두 가지고 있으며 의대처럼 유학생을 위한 정원을 별도로 두고 있다. 결론적으로 호주는 유학생들에게 의약 계열 입시에 불리함을 적용하는 대부분의 나라들과 달리 어느 정도의 길을 열어주고 있으며, 어떤 면에서는 지원이나 전형 면에서 자국 학생들보다 폭넓은 기회를 주고 있다. 이러한 이유로 미국, 영국, 헝가리와 같은 일부 국가에 국한된 의약 계열 입시에 비해 차별점이 많다고 생각하여 여기에 집중하게 되었다.

많은 이들이 직간접적으로 느끼고 있듯 현재 호주뿐 아니라 한국을 포함한 전 세계 의약 계열 대학 입시는 치열해지고 있으며, 지난 몇 년 전과 비교해 합격선 자체가 매우 상승했다. 우리는 2016년 처음 의약 계열 입시를 전문적으로 하겠다고 결정하면서, 단순한 서류수속 대행이나 박람회 같은 단체 행사로는 학생들의 합격 가능성을 높일 수 없다는 것을 깨달았다. 따라서 우리는 합격을 높일 수 있는 대학별 입학 전략 분석, ISAT와 UCAT 같은 의대 입학시험 준비반 개설, 대학별 인터뷰 기출문제에 대한 타깃 설정 및 트레이닝을 준비하게 되었으며, 2024년 현재도 여전히 진행 중이다.

호주 의대로의 진학, 유학 준비

PART 1.

CHAPTER 1

입학 조건 :
의약 계열 입시 필수조건 4가지

한국 입시와 달리 해외 대학 입시를 준비하는 부모님과 학생 입장에서는 정보의 부족함 혹은 넘침 때문에 어떤 정보가 나에게 맞는 정보인지를 파악하기조차 어려울 때가 많다. 특히 의약 계열 같은 특수학과는 학교마다 전형이 다르고 유학생들에게 적용되는 변화가 많기도 하므로 같은 유학생 카테고리에서 평가를 하더라도 개개인이 가진 학력과 조건에 따라 학교별 기준이 상이할 때가 많다.

호주에서 15년이 넘는 시간 동안 컨설팅 일을 하면서 느낀 바에 의하면, 2000년부터 2010년까지는 영어연수 경력 하나만으로도 취업에 도움이 되었기에 각자 선호도에 맞게 호주를 포함한 여러 나라에서 어학연수와 다양한 경험을 할 수 있는 워킹홀리데이 프로그램을 통해 해외 경험을 쌓는 경우가 많았다. 하지만 2010년 이후 유학은 단순한 경험과 영어 자체만의 실력 향상에서 벗어나 목적이 있는 유학으로 그 수요가 이동하였다. 호주 역시 '유학 후 이민'이라는 카테고리를 통해 호주에서 부족한 직업군으로 분류된 학과를 졸업한 후 호주 취업과 영주권 취득을 희망하는 수요가 폭발적으로 늘어났다고 볼 수 있다.

한국에서는 '의·치·한·약·수'라고 하여 의약 계열 또는 메디컬(Medical)이라고 불리기도 하나, 호주에서는 해당되지 않는 한의대를 제외한 '의·치·약·수'를 의약 계열 또는 메디컬이라고 지칭하고 있다. 이 책에서는 그 중에서도 '의·치·수'에 대해 먼저 설명하였고, 비교적 숫자가 많은 약대는 따로 정리할 계획이다. 호주 의약 계열 입시 준비가 한국이나 다른 나라와 비교해서 단순하고 입학도 쉽다고 생각하는 사람이 많으나, 실제 케이스를 직접 진행하다 보면 학교별 전형 및 조건에 따라 이해에 어려움이 많다. 특히, 미국과 영국 입시에서 반드시 제출해야 하는 Personal statement, EC(Extra Curriculum), Reference 등이 없는 대신 학업성적, 영어점수, 의대 입학시험, 인터뷰 등 각 영역당 배점이 높기 때문에 어느 한 가지도 소홀할 수 없다는 점을 간과해서는 안 된다.

그런 이유에서 이 책은 크게 세 가지 카테고리로 구분하여 구성하였고, 카테고리별 설명을 잘 이해하면서 단계별로 따라오다 보면, 전체적인 의약 계열 입시 로드맵을 짜는 데 큰 어려움이 없을 것으로 판단된다.

01 학력조건

"호주 입시는 외부적으로 공식화되고 공인된 성적을 기준으로 평가된다."

지원 전 우리가 꼭 기억해야 할 것은, 바로 위의 문구이다.

지원자들이 가장 이해하기 어려워하고 또 기준을 정하기 어려운 것이 학력, 즉 성적 기준이다. 호주는 지원 시 필요로 하는 성적 기준이 명확하게 정해져 있고, 지원자들은 본인의 최종 학력과 지원 학교 기준에 맞춰 서류를 준비해 지원해야 한다. 각 과정에 따른 성적 기준은 아래 도표를 참고하기 바란다.

지원 시 학력조건 구분

과정	학과	지원 자격	특이사항
학부	• 의대 • 치대 • 수의대	• 고등학교 졸업자 • 고등학교 졸업 예정자 (현재 고3) • 대학교 자퇴·중퇴·졸업자	• 고등학교 내신 반영 없음* • 가장 최근 성적 반영*
학·석사 통합	의전원, 치전원, 수의 전학·석사 통합 과정	• 고등학교 졸업자 • 고등학교 졸업 후 1년 미만	고등학교 졸업 후 대학 재학 이력이 있는 경우 지원 불가**
대학원	• 의전원 • 치전원 • 수의전	• 대학교 졸업자 • 대학교 졸업 예정자	대학 졸업자의 경우 졸업 10년 이내에만 지원 가능***

* 일부 대학은 고등학교 성적 + 대학교 1년 이상 성적으로 반영

** 일부 대학은 대학 재학 이력이 있는 경우에도 지원 가능

*** 일부 대학은 10년 이내 지원 조건이 없으며, 대학 졸업 후 석사 이력이 있는 경우 석사 졸업 기준 10년 이내 지원 가능

위 표에서 가장 중요하게 기억해야 할 기준은, 학부 과정의 경우 고등학교 내신 성적은 반영되지 않는다는 점과, 고등학교 졸업 예정자, 고등학교 졸업자 그리고 대학교를 다니거나 마친 경우라 하더라도 대부분 의대, 치대, 수의대 지원이 가능하다는 점, 그리고 일반적으로 최종 학력을 기준으로 심사된다는 점이다. 물론 학교마다 예외사항이 있고, 대학을 몇 학년까지 마쳤는지에 따라 성적 반영 기준이 달라지는 등 모든 학교가 동일한 조건을 요구하는 것은 아니지만, 이 기준을 기억한 상태에서 지원 준비를 하는 것이 좋다.

위 기준에 따라 조금 더 세분화해서 지원 자격에 대한 조건을 구분하여 살펴보자.

(1) 고등학교를 졸업하고 지원하는 지원자

호주는 고등학교 성적 심사 시 국제학교의 SAT, IB, A Level뿐 아니라 한국의 수능점수, 호주의 ATAR, 캐나다의 BC, OSSD, 뉴질랜드의 NCEA와 같이 각 나라의 기준에 맞는 고등학교 졸업 성적을 모두 반영한다. 따라서 고등학교를 졸업하고 지원하는 학생들은 각자가 가진 성적으로 지원하면 된다. 심사에 내신 성적은 반영하지 않으므로 내신 성적이 좋지 않아도 결과에 영향을 미치지 않는다.

하지만 모든 학교에서 위에 나열한 기준 성적들을 적용하는 것은 아니다. 일부 대학들은 내신성적으로 지원이 가능하기도 하고, 특정 점수 반영 기준이 없어 원칙적으로 지원이 불가한 학교도 있다. 한국의 수능 점수를 받아주지 않는 학교들도 간혹 있기 때문에 의약 계열 또는 특수학과 입시에서는 이 부분을 잘 감안해야 한다. 이러한 경우 고등학교 내신을 반영하거나 파운데이션이라는 과정을 통해 지원할 수 있다.

호주는 개인의 역량을 파악하는 정성적 평가보다 객관적인 정량적 평가가 주를 이루는 입시제도를 가지고 있다. 따라서 고등학교별로 상이한 기준을 가지고 있는 내신 성적보다는 한날 한시에 동일하게 이뤄지는 객관적인 시험 점수를 위주로 평가한다. 정성적 평가 요소는 면접 외에는 없으며, 각 학교에서 요구하는 최소 지원 점수는 입시에 있어 절대적인 가치를 지닌다. 간혹 컨설팅을 진행하다 보면 ISAT,

UCAT 또는 CASPer Test와 같은 공식 시험 점수는 월등히 높으나 성적은 최소 지원 점수에 못 미치는 경우가 있는데 안타깝게도 이 경우는 지원이 어렵다.

⑵ 고등학교 졸업 이후 대학교 이상 학업을 가진 지원자

이 경우는 조금 복잡하지만 구분을 해보자면 대학교 재학, 휴학, 자퇴를 한 카테고리로, 대학교 졸업, 대학교 이후 석·박사 과정에 대한 학업이 있는 경우를 나머지 한 카테고리로 다시 세분할 수 있다. 하지만 일반적으로 학교에서는 최종 학력 기준으로 심사하고, 최종 학력 기준은 최근 1년 이내 성적 기준으로 심사한다. 이때 고등학교 성적은 반영하지 않는 대학들이 대부분이지만 학교마다 예외사항이 있기 때문에 지원 시 중복 체크를 통해 지원 자격을 확인해야 한다.

고등학교 성적은 호주 의약 계열을 가기에 충분히 높지만 대학교 학점이 안 좋은 안타까운 지원자의 경우를 종종 접한다. 이 경우 지원자들은 대학교 성적보다는 고등학교 성적을 통해 지원하기를 희망하나 호주 대학 지원 규정 상 최종 학력에 해당하는 대학교 학점을 제출해야 하기 때문에 지원 시 불리하다. 만약 본인이 이 경우에 해당된다면 현재 대학에서 학점을 높이거나, 새로운 학업 계획을 세운 후에 지원 전략을 세우는 것이 좋다.

⑶ 대학교 졸업 학사 이상 학위 지원자

대학교를 졸업하고 학사 이상 학위를 가진 사람들은 전문대학원(의학, 치의학, 수의학 모두 포함)으로 진학이 가능하고, 의학과 치의학은 준비하는 시험(MCAT이나 GAMSAT)이 다를 뿐 학점 기준은 동일하게 학사 학위를 사용한다고 보면 된다.

결론적으로, 위에 언급한 여러가지 학업 기준으로 볼 때, 호주는 다양한 학업 성적을 반영해서 선발하고, 선발 기준 역시 학교마다 차이가 있음을 볼 수 있다. 학교별 학업 심사 기준과 최소 입학 점수를 확인하여 지원 가능한 학교들을 1차적으로 선별하고, 준비해야 할 조건들을 하나씩 충족시켜 나가는 것이 성공적인 입시로 가는 길이라고 할 수 있다.

호주는 한국, 미국, 영국과 달리 학점 기준(Grade Scale)이 4.0~7.0으로 측정되며, Pass부터 High Distinction으로 성적이 구분되기 때문에, 호주 외 대학을 졸업한 경우 대학 학점은 호주 기준 7.0에 맞게 계산해야 한다. 호주 학점을 계산하는 방법은 4.0 기준으로 '본인 학점 × 1.75'를 하는 것이 보통이지만, 대학마다 학교 랭킹, 학교, 학과를 감안하여 학점 계산을 하기 때문에 위의 계산 방식이 절대적이라고 볼 수는 없으므로 참고만 할 것을 권장한다.

02　선수과목

(1) 선수과목(Pre Requisite Subjects)이란?

일반적으로 대학 지원 시 선수과목이 필요한 학과는 이과 계열로, 학교마다 수학, 화학, 생물, 물리와 같은 선수과목을 이수한 지원자에게만 지원 자격을 부여한다. 호주의 의약 계열 역시 지원자에게 요구되는 선수과목이 있는 대학이 대부분이며, 특히 치대와 수의대의 경우는 선수과목에 대한 조건 충족이 지원에 있어 중요한 기준이 된다. 학부 과정에서 선수과목은 지원자가 가진 학업과 연계되어 고등학교 이상 학업을 이수하면서 수강했던 과목을 기준으로 하고, 전문대학원 이상 과정에서는 대학 레벨 이상에서 수강했던 과목을 기준으로 하기 때문에 대학별 입학 조건에서 선수과목에 대한 기준을 정확하게 이해해야 한다.

선수과목 이수는 단순히 성적표를 제출하는 것으로 인정되는 것이 아니라, 지원자가 제출한 성적표에 표기된 과목에 코스 아웃라인(실라부스)을 함께 제출하여 해당 대학에서 최종 검토까지 마친 후 인정된다. 성적표 제출 후에 학교에서 요구할 시에만 제출하는 경우도 있으나, 대부분 코스 아웃라인 제출을 요구하기 때문에 지원서 제출 시 같이 제출할 것을 권장한다.

(2) 각 최종 학력별 선수과목 인정 기준

다음은 세계적으로 인정하는 대표 학업들을 기준으로 인정되는 선수과목 요건을 정리한 것이다.

의대 선수과목

기준 학업	선수과목 요건	동일 자격요건
ATAR*	Chemistry Biology Physics Mathematics	Chemistry(2U Chemistry, Science 3U or 4U) Biology(Units 3 & 4, C) Physics(2U, 3U or 4U); 4U Science Mathematics(2U, 3U or 4U), Mathematics, Mathematics Advanced
International Baccalaureate Diploma(IB)	Chemistry Biology Physics Mathematics	Chemistry(HL or SL) Biology(HL or SL) Physics(HL or SL) Mathematics(HL or SL) or Mathematical Methods(SL)
GCE A A Level	Chemistry Biology Physics Mathematics	A Level Chemistry A Level Biology A Level Physics A Level Mathematics
SAT / ACT	Chemistry Biology Physics Mathematics	AP Chemistry AP Biology AP Physics AP Calculus BC

* ATAR의 경우, New South Wales(시드니고등학교 HSC) 기준으로 작성(지역별 과목 기준)

의전원, 치전원, 수의전 선수과목

구분	선수과목	선수과목 요건
의학전문대학교	Anatomy Biochemistry Physiology Immunology Microbiology	선수과목은 대학 레벨 이상을 요구하기 때문에 대학에서 수강한 동일 과목이 있을 경우 코스 아웃라인과 함께 제출해야 하고, 그 후 심사를 거쳐야 한다.*
치의학전문대학원	Anatomy Biochemistry Physics	
수의학전문대학원	Chemistry Organic Chemistry Biology Biochemistry	

* 전문대학원에서는 선수과목을 요구하지 않으나 일부 학교들은 선수과목을 요구한다.

(3) 선수과목 이수를 못한 경우

학교 지원 조건은 충족하였으나 선수과목을 충족하지 못한 경우 온라인으로 수강하여 선수과목을 채우는 방법이 있다. 그 중 호주 학생들도 특정 학과 지원을 위해 선수과목 이수가 필요할 시 선택하는 방법인 'Unilearn Program'을 활용할 수 있다. 'Unilearn Program'은 화학, 생물, 물리, 수학, 영어 등 다양한 호주 고등학교 레벨 교과과정을 이수할 수 있도록 만들어둔 온라인 플랫폼으로, 일반적으로 한 과목당 6~12주 정도 소요되는 비교적 짧은 학습 시간과, 개별적으로 자유롭게 계획을 세워 학습하기 때문에 시간과 장소에 구애받지 않는 장점이 있다. 또한, 과정 자체가 수료의 의미를 가지기 때문에 일정 점수 이상을 제출해야 하는 것이 아닌 'Pass'와 'Fail'로 최종 성적이 표기되며, 'Fail'의 경우에는 재시험을 통해 수료가 가능하다. 다만, 모든 학교에서 선수과목으로 'Unilearn Program'을 인정하는 것은 아니기 때문에 학교 지원 시에는 반드시 인정 여부를 확인해야 한다.

Unilearn Australia 홈페이지

03 공인 영어 성적

호주 대학 입시에서 제출 가능한 영어 점수는 IELTS와 TOEFL로 대표되는 공인 영어 성적 이외에도 PTE, C2(formerly Cambridge Certificate of Proficiency), ISLPR, Duolingo까지 다양하다. 호주는 기본적으로 영국 교육체계를 기초로 하고 있기 때문에 IELTS가 대표적인 영어 공식 점수지만, IELTS만 제출하도록 하는 극소수 대학교를 제외하고는 대부분 TOEFL과 PTE까지 폭넓은 공인 영어 성적 제출이 가능하다.

(1) 공인 영어 성적 유효기간/가산점

대학 지원 시 공인 영어 성적은 입학을 희망하는 연도를 기준으로 2년 내 성적이 인정된다. 예를 들어 2025년 2월 입학을 목표로 대학 입시를 준비하고 있는 지원자의 경우라면, 2023년 2월 이후의 공인 영어 성적을 제출해야 한다. 또한 높은 점수를 제출한다고 하더라도 가산점이 없기 때문에 입학을 위한 최소 점수 조건만 충족한다면 더 높은 영어 점수 제출을 위해 추가로 영어 시험을 볼 필요는 없다. 호주 대학에서 특별히 선호하는 공인 영어 성적 또한 없기 때문에 학교별 공인 영어 성적 점수 조건에 따라 준비하면 된다.

(2) 호주 의약 계열 대학 입학을 위한 영어 점수 조건

공인 영어 성적 구분	최소 필요 점수	유의사항
IELTS (Academic Module Only)	밴드별 점수 7 총점 7점	단일 시험을 통해 필요 점수에 도달해야 하며, 밴드별 별도 시험을 통해 합쳐진 점수는 인정되지 않음.
TOEFL (Internet–based iBT)	Reading, Listening, Speaking 최소 25 Writing 최소 27 총점 102	My Best Score는 인정되지 않음.
PTE	각 밴드 65 총점 68	학교마다 점수가 상이하기 때문에 지원 학교별 점수는 반드시 확인해야 함.
기타	대학별 조건 확인	

04 의약 계열 입학시험

의·치대 학부과정	의전원·치전원 대학원 과정	수의학 대학원 과정
ISAT	GAMSAT	CASPer TEST
UCAT	MCAT	
	DAT	

(1) 호주 의약 계열 시험 변화

호주 의대와 치대 입학을 준비하는 분들에게 ISAT와 UCAT 시험은 이제 피해 갈 수 없는 필수 관문이 되었다. 10년 전 'UMAT'이란 시험에서 시작한 의·치대 인적성 평가로 호주 학생들은 UCAT을, 유학생들은 ISAT을 응시하도록 요구되는 것으로 그 방향이 잡히는 듯했으나, 2021년부터 본격적으로 UCAT 시험을 유학생들에게도 요구하는 학교들이 많아지면서 이제는 두 시험 모두 필수 시험으로 자리 잡았다. 두 시험을 모두 응시해 본 경험자들의 피드백에서 볼 수 있듯이 이 시험들은 우리가 지금까지 자주 접하며 익숙하게 봐왔던 시험과는 다른 형태의 시험이고, 과목이나 범위 설정 자체가 어렵다 보니 많은 지원자들에게 부담이 된다. 다만 시험 준비과정 등에 대한 자료가 부족했던 ISAT와 달리 UCAT은 이미 오래 전부터 영국과 호주 입시에 사용되어 온 시험이기 때문에 전략적 접근이 가능하므로 두 시험의 특성을 잘 이해해서 시험 준비를 하면 된다.

(2) ISAT

ISAT(International Student Admission Test)은 호주를 베이스로 둔 ACER라는 비영리 기관에서 만들어 운영하는 시험이다. ACER는 호주 의약 계열 입학을 위한 지원자들을 평가하는 기관으로, 호주 의·치의학과 전문대학원 입학에 필요한 GAMSAT이란 시험도 만들어 운영하고 있다. ISAT 시험은 호주 학부과정 지원자들이 가장 선호하는 University of New South Wales와 Monash University에서 필수로 요구하기 때문에 2024년 현재 시점에서 유학생들에게 가장 중요한 시험이라고 볼 수 있다.

ISAT 시험은 보통 1년에 3~4번 시험 일정이 있지만 지원자는 그 중 한 번의 시험만 볼 수 있다. 대학에서 ISAT을 인정하는 기준이 입학일 기준으로 2년 이내 응시한 시험이므로 두 번의 시험 기회가 있는 것이지만, 각 시험 간의 간격이 최소 1년이 되어야 하기 때문에 시험을 보는 횟수, 시험 간 기간, 학교에서 요구하는 ISAT 시험 점수 제출 데드라인까지 잘 챙겨서 응시하고 제출해야 한다.

예를 들면, 2025년 2월 A 의대 입학 희망 지원자에게 유효한 ISAT 시험은 2023년 2월 이후부터 실시되는 ISAT 시험부터이다. 보통 5월, 8월, 11월 총 세 번 실시되는

ISAT 중 한 번을 응시할 수 있다는 것이다. 만약 2023년 5월 ISAT 시험을 본 지원자가 있다면, 2024년 5월 다시 한 번 시험을 볼 수 있으며 두 시험 중 좋은 점수를 제출할 수 있다. 즉, 위에 설명하였듯이 시험 일정과 시험 간 간격을 잘 확인하여 응시 날짜를 정해야 한다.

ISAT
International Student Admissions Test

Statement of Results

Name:

ISAT ID: **Date of Birth:** **Test Date:**

Critical Reasoning		Quantative Reasoning		Overall	
Score	Percentile	Score	Percentile	Score	Percentile

FURTHER INFORMATION

Q *Have I passed or failed?*
A There is no 'pass' or 'fail' for ISAT. The University will set ISAT cut-off scores for each course. These are the minimum ISAT scores required to secure an interview or an offer from the University, and may vary from year to year. (Note: The ISAT Office cannot give information regarding cut-off scores).

Q *Do my ISAT Scores show the number of questions I answered correctly?*
A No. The number of questions you answered correctly has been scaled to obtain your ISAT Score on each section.

Q *What is the maximum possible ISAT Score?*
A ISAT scores are on a scale of 100 – 200.

Q *Why are my scores scaled?*
A ISAT tests can differ slightly in difficulty from year to year. Scores are adjusted (scaled) to take account of year-to-year differences in test difficulty. Each component of ISAT measures a separate attribute or skill and is reported on its own scale.

Q *How is my ISAT Overall Score calculated?*
A The ISAT Overall Score is calculated as a weighted aggregate of the Critical and Quantitative Reasoning scores to several decimal places and then rounded. As the scores are reported as rounded numbers on your Statement of Results it is not possible for you to replicate the process and calculate your Overall Score.

Q *What does the percentile rank mean?*
A A percentile rank indicates how a candidate performed in relation to other candidates who have sat ISAT, regardless of the course applied for. A percentile rank is given to enable you to gauge your performance relative to others who have taken the test. A higher percentile figure indicates higher performance and vice versa. For example, if your percentile is 63, your score is better than 63% of other candidates' scores.

IMPORTANT: Candidates will not be provided with any additional information on the scoring process. https://isat.acer.org/results
Questions about offers of places should be directed to the Universities, not to the ISAT Office.
Universities will verify your results by using the ISAT Candidate Results Retrieval Database
Enquiries: isat@acer.org

ISAT 샘플 성적표

마지막으로 위 그림과 같이 ISAT 성적표에는 Score와 Percentile 두 가지 형태의 시험 점수가 표시되는데, 2023년 이후부터는 모든 학교가 Score만 반영하므로 Percentile은 큰 의미가 없다. 또한 ISAT은 언어와 수리 영역 두 가지로 나눠지며 시험 문항당 배점이 다 다르기 때문에, 문제당 배점이 동일한 UCAT과 달리 시험 문항당 난이도가 있다는 것이 가장 큰 차이점이다.

(3) UCAT ANZ

UCAT ANZ(University Clinical Aptitude Test for Australia and New Zealand)는 영국 의약계열 입시를 준비하는 사람들에게 익숙한 UCAT UK와 동일한 시험이다. 2019년 일부 호주 대학들이 UMAT에서 UCAT ANZ로 시험을 대체하면서 현재 University of Queensland와 University of Adelaide를 포함한 7개 대학에서 UCAT 점수를 요구하고 있다. ISAT과 달리 UCAT은 호주 대학교 입학 기준으로 전년도에 응시한 시험만 인정하기 때문에 6월 졸업 학제를 가진 학교에 재학하는 학생들은 졸업 후에 시험 일정을 잡아야 하며, 호주나 한국에서 고등학교를 졸업한 학생들이나 12월 기말고사를 보는 학생들의 경우에는 졸업 전에 시험 일정을 잡아야 한다.

UCAT ANZ는 3월부터 5월까지 시험 접수를 받고, 7월부터 8월 초 사이에 시험이 실시되는 일정으로 진행된다. 보통 시험을 본 당일 또는 24시간 안에 본인 점수를 알 수 있는 것과 달리, UCAT ANZ는 9월 초까지는 공식 시험 점수 결과가 발표되지 않는다. 지원자의 점수가 어떤 Scale에 속해 있는지도 중요한 평가 잣대로 여기기 때문에, 그해 시험 일정이 모두 끝나고 전체 시험 응시자의 점수 평균을 낸 후 성적표가 발급된다. 일반적으로 50% Median 평균값에 준하는 점수는 2,500~2,600(3,600만점 기준)이다. 2023년 UCAT ANZ 기준으로는 2,550점이었고, 이는 2022년 대비 20점 높아진 수치이다.

UCAT ANZ는 UCAT UK와 병행해서 사용이 불가능하고, 응시 기회가 한 번 뿐인 만큼 철저한 대비가 필요하다. 또한 포털 검색 결과로 나오는 관련 점수 기준은 대부분 유학생이 아닌 호주 학생 기준이므로, 유학생과 호주 학생을 별도 심사와 정원으로 구분해 선발하는 호주 대학 특성상 검색을 통한 정보는 잘못되었거나 유학생에게 적용되는 점수가 아닌 경우가 많다. 또한 2019년부터 유학생들에게도 요구되었다지만 극히 일부 대학들만이었고 2022년부터 본격적으로 주요 대학들이 요구하기 시작했기 때문에, 현재 2년 차가 된 UCAT ANZ 시험에 대해 평균값을 내거나 최소 합격선을 가늠하는 것은 어렵다고 할 수 있다.

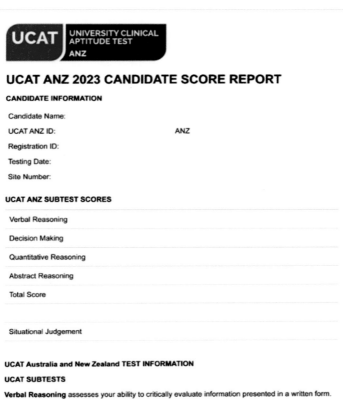

UCAT 샘플 성적표

(4) CASPer TEST

　CASPer TEST(Computer−Based Assessment for Sampling Personal Characteristics)는 현재 호주에서 수의대, 교대, 일부 의대 입시에서 반영되고 있는 시험으로 지원자의 상황 판단, 인지 능력 등을 평가하는 용도로 사용되고 있다. 과거 교육대학 입시에 적용되었던 시험 중 하나로, 2021년부터는 수의대 입시에도 본격적으로 도입되어 수의사로서의 자질, 역량, 적성을 확인하는 시험으로 발전되었다.

한국을 포함한 전 세계에서 시험 응시가 가능하며 ISAT, UCAT과 동일하게 온라인으로 진행된다. 시험 일정은 매달 있지만 일 년에 한 번만 응시할 수 있으므로 수험생들은 보통 입시가 마무리되어 가는 9월과 11월 사이에 시험을 봐야 한다. 특정 학교는 점수를 제출해야 하는 날짜가 정해져 있기 때문에 각 학교의 제출 기한을 꼭 확인해야 하는 것 또한 잊지 말아야 한다.

(5) GAMSAT

호주 의학치의학전문대학원 진학을 위해 필요한 GAMSAT(Graduate Medical School Admissions Test) 시험은 한국 지원자들에게는 생소하지만, 호주, 영국 그리고 아일랜드에서 널리 사용되고 있는 의학전문대학원 시험이다. 학부과정에서 보는 UCAT이나 ISAT과 달리 폭넓고 포괄적인 내용을 다루고 있으며, 다음의 세 가지 파트로 나누어진다. 문과적인 요소인 비판적 사고 및 문제해결 및 의사소통 기술을 평가하는 파트와, 각각 사회·문화 주제와 논쟁적 주제로 두 가지 에세이를 쓰는 파트, 그리고 대학 레벨의 생물, 물리, 화학 문제들을 통해 이공학적 문제해결 능력을 평가하는 파트가 있다.

GAMSAT 시험은 매년 3월, 9월 두 차례 치러지며 지원자는 두 시험 모두 점수 제출이 가능하나 호주 대학에서는 3월 시험을 기준으로 평가하기 때문에, 만약 대학교 마지막 학년이라면 마지막 학년 이전의 9월 시험이나 마지막 학년의 3월 시험을 통해 시험 점수 전략을 세우는 것이 현명하다.

(6) MCAT

MCAT(Medical College Admission Test)은 미국·캐나다 의학 대학원 입학에 적용되는 시험으로, 미국이나 캐나다에서는 Pre Medi 과정을 마친 지원자들이 응시하는 시험이기 때문에 난이도와 깊이가 위에 언급한 호주 GAMSAT보다는 다소 어렵다는 평가가 많다. 그러나, GAMSAT와 달리 시험 일정이 자유롭고 1년에 시험을 볼 수 있는 횟수도 많기 때문에, 모든 지원자들에게 불리한 시험은 아니라고 볼 수 있다.

시험 구성은 총 4개 파트로 구성되어 있으며, 섹션 당 132점, 총점 528점으로 구성되어 있다.

- 자연과학(Chemical And Physical Foundations of Biological System): 화학과 물리에 대한 기본 이해력 평가 및 생물 학점 기초 개념 문제로 구성
- 생물학적과학(Biological and Biochemical Foundation and living System): 생물학 및 생화학 개념 이해, 인체 구조와 기능 평가
- 비언어적인 사고(Critical Analysis And Reasoning Skills): 인문·사회학 관련 주제를 통한 비판적 사고 판단
- 사회 과학(Psychological, Social, and Biological Foundation of Behavior): 사회학 및 심리학에 대한 이해 평가, 의사 결정 및 의료 윤리 등

(7) DAT

DAT(Dental Admission Test)는 MCAT, GAMSAT와 함께 호주 치·의전 입학을 준비하는 학생들이 제출할 수 있는 시험이다. 미국에서 치대를 입학하는 지원자들에게 익숙한 DAT는 치대 입학 자격을 체크하기 위한 시험으로 총 4개 섹션으로 구분되어 4시간 15분 동안 치러진다. 미국 고등학생들에게 익숙한 SAT 시험과 유사한 유형을 포함하며, 화학·생물 지식 등을 시험하는 자연과학 분야와 지식 등 Natural Science와 관련된 섹션, 지각 능력을 평가하는 Perceptual Ability와 관련된 섹션 등이 있다.

- Survey of Natural Science(90분/100문제)
- Perceptual Ability Test(60분/90문제)
- Reading Comprehension(60분/50문제)
- Quantitative Reasoning(45분/40문제)

CHAPTER 2

인터뷰 면접

01 호주 의·치대 입학의 핵심, 인터뷰

(1) 호주 의·치대 면접 변화

2021년 이후, 호주 의·치대 입시에서 가장 중요한 변화는 인터뷰의 중요성이라고 할 수 있다. 입시를 지휘했던 입장에서 팬데믹 이전에는 인터뷰가 호주 의약 계열 입시에서 중요한 변수로 자리 잡고 있다는 느낌을 받지 않았다. 실제로도 학업 성적이 우수한 학생들의 입시 결과가 좋은 경우가 많았다. 그러나, 팬데믹 기간을 거치면서 무엇보다 인터뷰에 대한 중요성이 부각되어 실제 성적이 우수한 경우에도 인터뷰 이후 좋지 않은 결과가 나오는 경우가 늘어나고 있기 때문에, 인터뷰 준비에 조금 더 집중할 것을 권한다.

성적, 시험, 인터뷰 비중

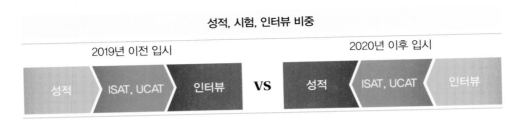

(2) 의료 면접에서 자주 묻는 질문

의료 면접에서의 질문은 의료 전문가에게 필요한 기술과 사고방식뿐만 아니라 의학에 대한 진정한 열정을 가지고 있는지를 평가하기 위해 신중하게 만들어진 질문이다. 따라서 면접에 임하는 지원자들은 대학의 핵심 가치와 원칙, 커리큘럼 등 지원하는 대학에 대해 정확하게 파악하고 있어야 한다.

위에 언급한 기본 질문 중 하나는 "Why Medicine?" 또는 "There are many professions where you can help people. Why do you want to be a doctor?"이다. 이러한 질문은 단순하면서도 지원자들을 당황하게 만들어 평소에 했던 생각이라도 말로 표현하기가 어려울 수 있다. 그렇기 때문에, 면접에서 받을 가능성이 많은 질문들은 기출문제, 예상문제 형식으로 미리 연습하는 것이 중요하다.

또한, 의과대학 면접에서는 현재의 의료 문제와 관련된 질문들이 자주 등장한다. 지난 COVID-19에 관한 질문들이나 "What are advantages of rural healthcare" 또는 "What are the current issues facing indigenous healthcare in Australia"와 같은 질문들을 예시로 들 수 있다. 이외에 어려운 윤리적 시나리오에 대한 질문도 자주 출제되는 등 다양한 형태로 문제가 출제되기 때문에, 항상 현재 사회적인 이슈나 의료 관련 윤리적 문제(동물 실험, 안락사 등)에 관심을 기울이는 것이 중요하다.

마지막으로 면접관이 듣고 싶어 하는 것은 무엇일까? 답은 분명하고 합리적인 표현과 정직함이다. 이러한 답변은 간략하고 쉬워 보이나, 실제 표현해 내는 것은 어렵고 난해한 일이다. 따라서 학생들은 입학 과정에서부터 실제 환자를 대할 때와 마찬가지로 신중한 준비와 집중력 있는 자세로 임해야 한다. 면접관들은 지원자가 성숙하고 사려 깊은 사람인지, 실제로 병동에서 환자와 소통할 수 있는 능력이 있는지를 보고 싶어 하기 때문이다.

(3) 인터뷰 방식 두 가지: MMI vs PANEL INTERVIEW

호주에서 인터뷰 방식은 크게 MMI와 패널 인터뷰 두 가지로 구분할 수 있으며, 더 세분화한다면 Semi-Structure 인터뷰까지 구분할 수 있다. 그중 현재 대학에서 보편적으로 채택하고 있는 MMI(Multiple Mini Interview)는 2001년 캐나다 온타리오의 맥마스터 의과대학에서 개발된 시험으로, 우리나라에서도 2008년 강원대학교 의학전문대학원 입시에서 처음 도입된 것으로 알려져 있다.

MMI 형식의 목적은 의과대학에서의 학업 성과를 예측하기에는 부적합한 것으로 여겨지는 전통적인 면접의 문제를 해결하기 위함이었다. 과거 사용되었던 전통적인 패널 면접은 대인관계 기술, 도덕적 판단력, 전문성 측면까지 선별하기에는 어려움이 있었고, 이후 국제적으로 채택되기 시작한 MMI가 앞서 언급된 자질을 예측하거나 평가하는 데 탁월하다는 평가가 이어지면서 점점 많은 대학들이 면접에서 MMI 형식을 채택하게 되었다. 하지만 호주는 아직까지 일부 대학들, 특히 UNSW Medicine의 경우 여전히 Panel 형식의 인터뷰 방식을 사용하고 있어서 호주 입시를 준비하는 지원자들은 Panel과 MMI 두 인터뷰 형식을 모두 준비해야 한다.

이름에서 알 수 있듯이 MMI 의료 면접은 짧고 집중적인 면접 스테이션으로 구성된다. MMI 형식을 채택한 대부분의 의과대학은 긴 복도에서 양쪽에 여러 개의 방을 두고, 방마다 있는 시험관들이 각각의 질문을 던지는 방식으로 면접을 진행한다. 만약 8개의 MMI 스테이션이 있는 경우 8명의 지원자가 특정 MMI 세션에 초대되어 동시에 일련의 질문 스테이션을 순환하게 되며, 때로는 대규모 그룹을 한 번에 수용하기 위한 '휴식' 스테이션이 포함된다. 다만 호주는 따로 특정 장소에 모여서 대면으로 시험을 치렀던 팬데믹 이전과는 다르게, 온라인 상의 station room을 오가며 인터뷰하는 비대면(화상) 면접으로 대부분 진행되고 있다.

02 MMI 면접

(1) MMI 면접은 얼마나 걸리나?

총 스테이션 수는 의대마다 다르며 각 스테이션에 할당된 시간도 다르다. 일반적으로 5~12개의 스테이션으로 구성되며 스테이션 수가 많을수록 각 스테이션의 할당시간은 짧아진다.

의대 MMI를 준비할 때 기억해야 할 핵심사항은 답변시간이 제한적이라는 것이다. MMI 스테이션은 엄격한 시간관리 하에 진행되며, 중앙 감독관은 각 면접실에 입장할 때와 각 면접 스테이션이 끝났을 때를 알리게 되어 있다. 각 스테이션에 배정된 평가관은 응시자에게 추가 시간을 절대 부여할 수 없으며, 주어진 시간이 종료되면 추가 점수 역시 주어지지 않는다.

개별 스테이션에 할당된 시간은 약 5~12분 사이로 다양하고, 각 질문에 대해 답할 수 있는 시간은 대략 1~2분 정도로 짧게 주어진다. 따라서 주어지는 질문에는 정확하고 명확하게 답하는 것이 가장 중요하며, 시간이 부족하기 때문에 대답에 불필요한 단어나 구문(um, ah, like, you know, basically, actually, literally 등)을 빼고 직선적이고 간결하게 답변하는 것이 중요하다.

(2) MMI 인터뷰는 얼마나 어려울까?

MMI 면접은 학문적 우수성 이외에 인격적인 면을 요구한다. 병원에서 마주치는 복잡한 윤리적 딜레마를 분석하고, 직원 및 환자를 인격적으로 대하며 원활하게 소통할 수 있는지 평가하고자 하는 것이다. 때문에 MMI 면접은 단순히 암기된 내용을 형식적으로 되풀이하는 방식과는 거리가 멀다. 그렇기에 쉽지 않지만, 필요한 경우 전문가의 지도를 병행하며 충분히 연습하면 잘 대비할 수 있다.

MMI 면접의 또 다른 특징은, 면접에서 제시하는 상황이 매우 제한적이라는 것이다. 그렇기 때문에 지원자는 예상문제를 만들고 질문에 대한 답을 준비할 수는 있으나 암기하는 듯한 모습을 보여줄 경우, 좋은 점수를 받을 수 없다. 즉, 어떤 유형의 스테이션이라도 이에 대한 계획을 항상 가지고 있어야 하며, 자신의 가치관을 잘 정립하여 스스로 명확하게 알고 있어야 한다.

MMI 인터뷰 진행과정

(3) MMI 면접 평가방식

MMI 면접 평가방식은 전통적인 면접과는 달리 면접관의 편견을 최소화하기 위해 고안된 시스템이다. 지원자의 답변이 표준화된 기준평가표에 따라 점수가 매겨지는 방식으로 평가되기 때문에 주관적인 동시에 객관적인 평가가 가능한 면접 방식이라고 할 수 있다.

03 패널 인터뷰(Panel Interview)

(1) 전통적인 면접 형식의 패널 인터뷰

패널 인터뷰의 면접 구조는 MMI에 비해 과학적 엄밀성이 떨어지기 때문에 대부분의 의대 면접에서 선호되지 않는 것이 사실이다. 그럼에도 불구하고 '전통적인' 면접 형식을 유지하는 의과대학은 특별한 이유를 가지고 있는데, 그것은 비표준화된 시험 방식으로 지원자가 본교의 비전과 가치에 맞는 학생인지를 면밀히 살펴보고자 하기 위함이다.

즉, 왜 우리 학교를 선택했는지에 대한 답을 요구하는 것이 패널 인터뷰 형식을 고수하는 대학들의 요구사항이라고 볼 수 있다.

(2) 패널 인터뷰는 MMI와 어떻게 다른가요?

패널 인터뷰는 40~45분 동안 진행되며, 보통 3명으로 구성된 위원회의 질문에 답변하는 방식으로 이루어진다. 인터뷰 위원들은 일반적으로 다양한 경험과 관점을 가지고 있으며, 교수진과 지역사회 구성원이 섞여 있을 수 있다.

패널 인터뷰의 질문 예시는 다음과 같다.

> 🎤 Why do you want a career in medicine?
>
> 🎤 What are your weaknesses/strengths?
>
> 🎤 Why apply to our university?

경우에 따라 새로운 종류의 정보에 적응하는 능력이나, 압박감이나 스트레스 상황에서 침착함을 유지하는 능력, 감성 지능을 발휘하는 능력 등을 측정하기 위해 특정 주제에 대해 논의할 수 있다.

(3) MMI와 비교할 때 패널 인터뷰 특징

① 지속적인 시험(Continuous Examination)

앞서 MMI 면접에는 여러 '스테이션'과 여러 면접관이 있다는 사실에 대해 설명한 바 있다. 지원자는 MMI 면접의 여러 방을 순환하면서 각 문 뒤에서 '새로운 시작'을 맞이하게 된다. 새로운 스테이션의 면접관은 이전 스테이션의 성과를 알지 못하며, 새롭게 관계를 형성하는 것이므로 각 질문은 또다른 성공의 기회가 된다는 것이다. 그러나 패널 인터뷰 형식에서는 이러한 이점이 없다. 패널 면접은 여러 개의 스테이션 대신 하나의 방에서, 고정된 '패널'을 마주하게 된다. MMI와 마찬가지로, 이 면접관들은 다양한 일반인 및 의료 전문가로 구성될 수 있다.

② 면접관과의 관계에서 단 한 번의 기회(One Chance At Examiner Rapport)

패널 인터뷰의 주요 함의는 지원자가 면접 패널과 관계를 형성해야 한다는 것이다. MMI에서 좋은 관계를 형성한다는 것은 문을 두드리고 활짝 문을 열며 예의 바른 인사를 하는 것이 전부일 수 있지만, 패널 면접은 그렇지 않다. 패널 의료 면접에서는 면접관과 30분 이상(의대에 따라 시간이 상이할 수 있음)의 긴 시간 동안 다양한 주제에 대해 이야기해야 한다.

③ 후속 질문의 난이도 상승(Increased Follow-up Question Difficulty)

패널 인터뷰에서는 지원자에게 패널과의 대화 기회가 더 많이 주어진다. 이는 긍정적인 요소로 다가올 수도 있으나, 반대로 어려운 후속 질문으로 이어질 수도 있다는 점에서 양면성을 지닌다고 할 수 있다. 패널 면접의 대화는 MMI 면접보다 더 개인적이며, 더 자세한 정보를 요구할 수 있다.

④ 일관성 있는 답변(Outed for Inconsistency)

패널 인터뷰 성공의 주요 요건은 개인적인 친밀감이라는 점을 고려할 때, 답변의 일관성을 유지하는 것이 그 어느 때보다 중요하다. 개성 있으면서도 일관성 있는 답변을 통해 패널의 호감을 얻고, 지원 동기나 해당 질문에 관련된 지원자의 경험이 진실한 것임을 의심할 여지 없이 보여 주어야 한다.

질문 측면에서, 패널 인터뷰는 MMI와 크게 다르지 않다. 전통적인 방식의 패널 인터뷰나 새로운 방식의 MMI 모두 의과대학에서는 여전히 윤리, 전문성, 대학 선택과 관련된 특정 가치와 관련된 주제를 논의하는 질문을 던진다.

마지막 컨설팅에서 자주 하는 질문들

　실제 컨설팅과 수속을 경험하면서 해마다 느끼는 부분은, 호주 학제와 입시 자체의 기본 틀이 영국에서 온 것이기 때문에 영국 입시의 변화를 통해 앞으로 호주의 변화를 어느 정도 예상할 수 있다는 것이다. UCAT UK와 BMAT으로 구분되었던 영국 입시가 현재는 BMAT을 더 이상 요구하지 않는 것은 변별력과 효용성 면에서 더 이상 효과를 보지 못했다는 의미로 볼 수 있다. 호주도 UMAT에서 ISAT와 UCAT ANZ로 변화를 가져오면서 입시가 점점 치열하고 복잡해지고 있다고 전제한다면, 영국에서 UCAT과 차별화하기 시작했던 BMAT 같은 시험을 적용할 가능성도 있고, 인터뷰를 대신하거나 보완하는 수단으로 어느 정도 효과가 입증된 CASPer TEST를 도입할 가능성도 배제할 수 없다.

　2024년 현재, 전 세계적으로 불고 있는 의약 계열 쏠림 현상을 피해 갈 수가 없다면, 호주가 가진 입시제도와 각 학교마다 요구하는 인재상을 잘 이해하면서 대비하는 것이 유일한 방법일 것이다. 이제 호주도 자기소개서와 실제적인 의약 관련 경험, Extracurricular와 Academic Award를 요구하는 시기가 오지 않을까 하는 의견을 주는 분들이 있다. 그러나 개인적으로 20년 동안 호주 입시를 직접적으로 경험한 저자가 보기에 해당 의견은 전통적으로 유지되고 있는 호주 입시의 기준과 특징에 대한 이해가 다소 부족하다고 생각한다. 만약 호주 의약 계열 입시에서 지금보다 경쟁이 더 치열해지는 상황이 올 경우, 앞서 자주 언급했듯 정성적 평가보다는 정량적 평가를 중시하는 호주 입시의 특성상 이미 검증된 외부 공식 시험을 보다 공격적으로 적용하게 될 가능성이 더 높다.

아래는 호주에서 컨설팅을 하며 많은 분들이 공통적으로 궁금해하는 질문들을 요약한 것으로 호주 의약 계열 입시를 이해하는 데 좋은 질문 그리고 답이 될 것 같아 정리해 본다.

Q1. **내신성적 반영 – 고등학교 내신성적이 반영되지 않는다는 것이 정말 사실인가?**

A1. 호주 대학 입시에는 학력과 성적, 두 가지 요건이 필요하다. 학력은 고등학교 졸업을 의미하며, 반영하는 기준 성적은 SAT, IB, A-Level 같은 공식적이고 공인된 성적을 의미한다. 호주 대학에서는 기본적으로 내신성적을 반영하지 않으며, 내신성적이 좋지 않다고 해서 입시 결과에 영향을 미치지 않는다.

Q2. **국제고를 다니며 미국과 영국 입시를 준비하고 있다. Extracurricular, Recommendation Letter, shadowing 등이 의약 계열 입시에 필요한가?**

A2. 의대와 치대는 필요 없지만, 수의대 입학을 희망하는 이들에게는 필요하다. 의약 계열 입시에서 수의대를 제외하고는 성적 외 활동에 대한 평가 기준이 따로 없어 위 내용을 필수로 제출해야 하는 곳은 없다. 그러나 UNSW MAP, Adelaide University, James Cook University Personal Statement 등과 같이 지원 동기 및 추천서 등을 준비해야 하는 학교도 있기 때문에, 지원 대학교가 정해지면 학교별로 필요한 양식에 따라 미리 준비하는 것이 중요하다. 2021년 이후 수의대에서 동물 관련 경험의 비중을 높이면서 동물 관련 경력 증명서, 기술서 등이 입시 결과에 큰 영향을 미치게 된 것처럼, 학교에서 요구하는 양식은 계속해서 변화하기 때문에 그 흐름에 맞추어 꼼꼼하게 준비하여야 한다.

Q3. 면접은 어떻게 그리고 어떤 방식으로 이뤄지는가?

A3. 전 세계적으로 의료 계열 면접은 점점 더 강화되고 있고 호주도 MMI (Multiple Mini Interview), 패널(Panel), Semi-Structured로 구분된 형태의 인터뷰 방식을 통해 의료 계열 합격자를 선발하고 있다. 다만 전 세계적으로 MMI를 주로 채택하는 분위기와 달리 호주는 아직도 패널 인터뷰를 통한 면접 방식을 채택하는 학교들이 많고, 특이하게도 MMI 형식과 패널을 합친 형태인 Semi-Structure Interview 방식을 채택하는 곳도 있기 때문에 각 학교에 맞춰 인터뷰 방식과 예상문제를 준비해야 하는 어려움이 있다.

Q4. UCAT vs ISAT 선호도 가산점, 평가

A4. 과거 호주는 유학생들에게는 ISAT를, 호주 영주권자 이상에게는 UMAT(Undergraduate Medicine and Health Sciences Admission Test)를 적용하였다. 그러나 2015년 이후 호주 의대 및 의학 계열 학과에서는 UCAT(University Clinical Aptitude Test)로 조금씩 대체되고 있으며, 2020년 팬데믹 이후 일부 대학들이 유학생들에게도 UCAT을 적용하기 시작하면서 이제는 2개 시험 중 높은 점수를 제출할 수 있는 대학과, UCAT 점수만 제출해야 하는 대학으로 구분된다. 다만 현재는 UCAT과 ISAT 점수 비교표가 없기 때문에 실제로 두 시험 중 높은 점수를 제출해야 하는 학교의 경우 시험 점수를 단순비교하는 것이 아니라 과거 합격 통계자료에 따라 제출할 시험 성적을 결정해야 한다.

Q5. 호주 대학 입시 지원 날짜는?

A5. 호주는 다른 나라와 달리 학교마다 각기 다른 유학생 지원 전형과 일정을 가지고 있다. 예를 들어 2025년 2월 입학을 목표로 하는 지원자의 경우, 지원하고자 하는 대학 리스트를 먼저 작성하고 이후 대학별 입시 일정에 맞춰서 지원 플랜을 세워야 하고, 지원서 오픈 날짜에 맞춰 지원서를 접수하면 된다. 이것을 호주에서는 'Rolling Admission'이라고 부른다. 특히 호주

는 모든 자격 요건을 갖춘 상태에서 지원서 접수를 하지 않아도 되기 때문에 서류 접수를 마친 후 추가적으로 보완된 서류를 순차적으로 제출하면 된다. 단, 주의해야 할 것은 모든 대학이 그렇지는 않다는 것이다. 치대와 수의대의 경우는 접수일과 마감일이 정해져 있으므로 뒤에 학교별 입시 일정을 참고해서 지원 날짜와 접수를 준비하면 된다.

Q6. **호주 의약 계열 일반적인 학비와 생활비**

A6. 의학 계열과 치의학 계열 학비는 대략적으로 AUD $60,000~85,000(한화 5,000만~7,500만 원), 수의학의 경우 AUD $65,000~75,000(한화 5,000만 ~6,500만 원) 정도이며, 한 학기에 한 번씩 학비를 내도록 되어 있다. 생활비는 일반적으로 학생마다 조금 다르나, 1년 기준 약 2,000만 원에서 2,500만 원 정도가 든다.

Q7. **호주 의대 과정별 기간은?**

A7. 호주의 학부는 5년 또는 6년 과정으로, 의학전문대학원(MD) 과정은 4년으로 구성이 되어 있다. 5년제 학부과정으로는 대표적으로 Monash University와 Western Sydney University가 있으며, 6년제 의대 학부과정으로는 University of New South Wales가 있다. 의전원 학·석사 통합과정은 6년(2+4) 또는 7년(3+4)으로 구성되어 있다. 학·석사 통합과정은 일반적으로 Biomedical Science, Medical Science를 하며, 대부분의 학교가 학과 선택에 제한이 없어 미국의 Pre-Medi와는 다른 개념이다. 학과 전공 선택 폭이 굉장히 넓기 때문에 2~3년의 학부 전공은 수월하다는 평가가 많다.

Q8. **지원 준비 서류 제출 방법 - Rolling Admission System**

A8. 호주는 원서 접수가 시작되는 공식적인 날짜가 없는 곳이 대부분이기 때문에 지원자 스스로가 지원 서류를 준비해서 지원해야 하고, 학교마다 다른 양식(온라인 포털 접수 또는 오프라인 신청서 작성)의 신청서를 각 학교 사이트

를 통해서 접수를 하거나 에이전트를 통해 접수한다. 접수 시 사용한 이메일로 지원 서류에 대한 모든 업데이트와 면접 통보 등을 받기 때문에, 휴대폰과 연동해서 자주 체크가 가능한 이메일을 사용하는 것이 좋다. 학교별로 다른 메일 주소를 사용하면 안 되므로 입시용 이메일을 하나 생성해서 사용하는 것을 추천한다.

Q9. **공인 영어 점수는 면제가 가능한가?**

A9. 공인 영어 점수는 일반적으로 서류 접수 시기에 지원에 필요한 점수를 제출하는 것을 기준으로 한다. 외국에서 고등학교나 대학교를 나왔거나 국제학교를 나와 영어권에서 요구하는 레벨의 영어 실력을 가지고 있다고 하더라도 일부 대학은 그에 상관없이 공인 영어 점수를 요구하기 때문에 의약 계열 입시를 준비하는 지원자들은 영어 점수 면제가 가능한 학교를 찾기보다는 지원 시에 필요한 영어 점수를 준비해야 한다.

Q10. **IB에서 English Subject, A Level에서 English 같은 과목을 마친 경우도 공인 영어 점수를 꼭 제출해야 하는가?**

A10. 호주 일반 학부과정의 경우 영어권 국가에서 공부한 이력이 있거나, 영어를 기초로 운영되는 국제 공인 학업 성적을 가진 경우에는 영어를 면제해 주는 것이 보통이나, 의약 계열에서는 면제가 안 되는 학교가 대부분이다. 물론 IB, A Level, SAT로 대표되는 국제 공인 학업 성적인 경우 영어 조건을 면제해 주는 학교도 있으나, 의약 계열은 특정 학교를 정해서 지원을 하는 것이 아닌, 지원 가능한 모든 학교를 지원하는 방식으로 입시 플랜이 짜이다 보니, 영어는 2년 유효기간을 잘 맞춰서 미리 준비하는 것이 좋다.

Q11. **SAT, A Level, IB 그리고 수능 점수 등 호주 대학에서 선호하거나 가산점이 있는 공인 성적이 있는가?**

A11. '선호하는가'의 의미는 가산점 또는 '입학에 유리한가'로 해석해야 하는데,

결론적으로 호주에서 특별히 선호하거나 동점일 경우 가산점을 주는 공인 성적은 없다. SAT가 IB나 A Level과 달리 고등학교 학업 기간 중 여러 차례 응시가 가능하기 때문에 심적으로 더 유리하게 느껴질 수 있지만 특정 시험에 대해서 가산점과 우선권을 부여하지는 않기 때문에 공인 성적은 각자 제출 가능한 것으로 준비하는 것이 좋다.

Q12. **장학금(Scholarship) 제도는?**

A12. 호주는 일반적으로 장학금 신청서를 따로 작성하지 않으며, 학교에서 자동 선정하여 입학 허가서에 장학금 여부를 명시한다. 호주 유학생들에게는 AUD $10,000~$40,000 단기 장학금도 있고, 전체 교육 과정 중 10~50%까지 제공하는 학비 장학금도 있다. 장학금은 성적 순이지만 성적이 좋은 순서대로 주는 것은 아니고 학교에서 정한 일정 자격에 따라서 지급된다. 장기 장학금은 일반적으로 성적 유지 조건이 따라오며, 이는 보통 호주 학점 기준 65%에 해당하는 Credit 이상의 성적을 유지해야 한다.

Q13. **대학별 랭킹이 학점에 반영이 되는가?**

A13. 호주에서는 대학 랭킹이 지원에 도움이 된다거나 가산점이 있다고 볼 수 없다. 대학교 GPA를 통해 지원하는 경우 대학 랭킹으로 인해 GPA가 낮은 경우가 있는데, 이러한 경우라도 대학 랭킹을 반영하여 심사를 하지는 않는다.

Q14. **호주에서 Predicted Score로 지원이 가능한 대학이 있는가?**

A14. IB Predict Score, A-Level Predict Score 등이 대표적이나 호주 의대, 치대, 수의대의 경우 Predict Score로는 지원이 불가능하다. 단 대학교 4학년 때 지원하게 되는 의학, 치의학, 수의학전문대학원의 경우, 4학년 1학기 성적으로 우선 심사하므로, 대학교 GPA의 경우 졸업 전 예상 점수 또는 그 전 학기 점수로 심사가 가능하다.

의대·치대
·수의대
입학정보

PART 2.

CHAPTER 1

호주 의과대학과 의학전문대학원

호주는 총 21개 대학에서 의대 정규과정을 제공하고 있다. 각 대학마다 과정 구성과 입학전형이 다르지만 크게 두 가지 과정으로 구분할 수 있다.

첫 번째는 한국의 의예과(학부과정)와 유사한 5~6년제 의대 학부과정이다. 시드니에 위치한 6년제 University of New South Wales와 멜버른에 위치한 5년제 Monash University로 대표되는 과정으로 지원자가 가장 많다.

두 번째는 한국에서는 점점 사라지는 추세인 의학전문대학원인(의전원) Doctor of Medicine 과정이다. 호주 의전원 과정은 한국과 반대로 주요 대학인 University of Sydney, University of Melbourne, University of Queensland 등에서 유지되고 있고 매년 많은 호주 학생들과 유학생들이 지원하고 있다.

의대와 의전원 두 가지로 구분되는 의대 정규과정이 21개 대학에 혼재하고 있지만 각 대학마다 고유의 입학정원제도와 입학평가 제도를 가지고 있으며 유학생들이 모든 대학에 지원할 수 있는 것은 아니다. 다만, 미국이나 영국처럼 전체 입학정원에서 국가별 또는 인종별 제한을 두지는 않는다. 처음부터 'Full Fee Paying Student'라는 전형을 통해 내국인/외국인 전형과 정원을 나누어 선발하기 때문에 실제 입시에서 유학생들이 크게 유리하거나 불리한 점이 있는 것은 아니다.

01 호주 의대 학위 구성

앞서 설명했던 것처럼 호주 의대 정규 과정은 학부 과정, 석사 과정, 학·석사 통합과정 세 가지로 구성되어 있으며 지원자 각자의 최종 학력에 따라 지원을 준비하게 된다.

의과대학	5~6년 학부과정	한국 의과대학과 동일한 개념으로 대학마다 기간이 상이하나 대부분 6년제이고, 5년 학부제로 운영되는 곳도 있다.
의과전문대학원	4년 석사과정	한국 의학전문대학원(의전원)과 동일한 개념이다. 호주는 의대와 의전원 비율이 5:5로 약 10여 개 주요 대학이 의전원 과정을 제공하고 있다.
	3년(학사)+4년(석사) 통합과정	우수한 성적을 보유한 지원자를 대상으로 하는 일반 학사와 의전원 통합과정이다.

02 호주 의대 입학전형

(1) 학부과정(Undergraduate Degree) – 의과대학

최종 학력이 고등학교 졸업인 학생들이 지원 가능한 과정이다. 일부 학교에서는 대학을 다니고 있거나 다녔던 학생들도 지원이 가능하나 기본적으로 고등학교 졸업 후 3년 이내인 자 등 상위과정을 하지 않았던 학생들이 지원 대상자가 된다.

입학 대상	• 고등학교 졸업자 또는 3년 이내에 고등학교를 졸업하였지만 대학에 진학하지 않은 자 • 대학 진학자도 일부 대학 지원 가능
학업 기간	• 5년 또는 6년
입학 기준	• 고등학교 성적(수능, IB, SAT, GCE A-Level 등 국제시험 포함) 또는 대학교 성적(일부 대학 지원 가능) • 대학에 따라 UCAT 또는 ISAT 시험 • Interview or Oral Assessment
특이점	• 학교마다 전형이 다르고 모든 대학들이 UCAT / ISAT와 Interview를 보는 것이 아니기 때문에 학교별 전형에 따라 지원 준비를 해야 한다.

(2) 의과전문대학원(Postgraduate degree)

대학교 학사 이상 학위가 있는 경우 지원이 가능한 과정으로 한국 의학전문대학원과 입학 방법이 유사하다. 한국을 포함해서 전 세계 어디서든 학사학위(전공 무관)

가 있는 경우 지원이 가능하고 최종학력과 GAMSAT 또는 MCAT와 같은 의대 입학 시험, 인터뷰를 통해 선발하게 된다.

입학 대상	• 한국을 비롯한 전 세계 4년제 대학 졸업자−학사 학위 소지자
학업 기간	• 4년
입학 기준	• 대학교 GPA • GAMSAT 또는 MACT • Interview or Oral Assessment
특이점	• 학교마다 전형을 살펴야 한다. GAMSAT가 없는 학교 또는 GAMSAT만 받아주는 학교가 있고 Interview가 면제되거나, 성적과 Statement만으로 선발하는 학교도 있다.

(3) 학부＋의전원(Provisional Entry Program)

고등학교 졸업자 중 성적이 우수한 학생들을 대상으로 학사와 의과전문대학원 입학을 함께 보장해 주는 과정으로 'Provisional Entry Program' 또는 'Double Degree Program'이라고도 한다. 해당 과정의 경우 의학전문대학원 입학정원 중 10~15% 정도만 선발하기 때문에 의과대학보다 높은 입학 기준을 적용받는다. 학교에 따라 학부 성적만으로 의전원 진학을 보장해 주며 GAMSAT나 인터뷰 등이 면제된다. 호주 G8(또는 Go8)으로 구분되는 호주 명문대들은 보통 의학전문대학원을 운영하고 있는데 우수한 고등학교 졸업생들을 유치하기 위한 방법으로 이 과정을 운영하고 있다고 볼 수 있다.

입학 대상	• 고등학교 졸업자 중 성적우수자
학업 기간	• 2년 학부+4년=6년 과정(예: Griffith University) • 3년 학부+4년=7년 과정(예: 시드니 대학교, 퀸즐랜드 대학교) • 4년 학부+4년=8년 과정(예: Australian National University) • 학교마다 학위 기간 상이
입학 기준	• 고등학교 성적(우수한 성적순으로 선발) • ISAT 또는 UCAT • Interview
특이점	• 이 과정은 학부(전공 선택 가능)와 의전원 입학을 동시에 보장해 주는 Package program으로 학부 입학 후 졸업 전까지 학점을 일정 수준 이상 유지하는 것을 조건으로 의전원 진학이 보장된다.

(4) 선수과목(Prerequisite)

호주 의과대학 또는 의전원의 경우 모든 대학이 선수과목을 요구하는 것은 아니지만, 일부 대학은 지원 전에 반드시 이수해야 할 선수과목이 있다. 보통 고등학교에서는 이과에 해당하는 과목이며, 대학교에서 Biomedical Science나 Health Science를 전공한 학생들은 선수과목에 대한 문제가 없다. 하지만 문과 또는 수학II, 화학, 생물 등을 이수하지 않았다면 지원 전 반드시 선수과목 조건 충족 여부를 확인해야 한다.

(5) 호주 지역별 의대 목록

지역(주/state)	No.	대학	학위	유학생 지원 가능 여부
New South Wales	1	University of Sydney	PG	가능
	2	University of New South Wales	UG	가능
	3	University of Newcastle & New England	UG	가능
	4	Western Sydney University	UG	가능
	5	University of Wollongong	PG	가능
	6	University of Notre Dame	PG	일부 가능
	7	Macquarie University	PG	가능
Victoria	8	Monash University	UG	가능
	9	Deakin University	PG	가능
	10	University of Melbourne	PG	가능
Queensland	11	The University of Queensland	PG	가능
	12	Griffith University	PG	가능
	13	James Cook University	UG	가능
	14	Bond University	UG	불가능
ACT	15	Australia National University	PG	가능
South Australia	16	University of Adelaide	UG	가능
	17	Flinders University	PG	가능
Western Australia	18	University of Western Australia	PG	가능
	19	University of Notre Dame	PG	불가능
	20	Curtin University	UG	가능
Tasmania	21	University of Tasmania	UG	가능

※ PG-Postgraduate / UG-Undergraduate

호주 의대 및 의전원 입시를 준비하면서 정보를 접하기 위해 가장 먼저 찾아보게 되는 것이 대학별 웹사이트 또는 유학 업체들이 올려 둔 블로그와 같은 정보일 것이다. 하지만 이런 정보를 찾아보면서도 답답함이 느껴지는 것은 한국처럼 일정 기간과 전형에 대한 안내 그리고 작년 cut-off같이 합격 기준이 될 만한 실질적 정보보다는 보편적이고 일반적인 내용 혹은 불분명한 정보들이 주를 이루기 때문이다. 호주의 의대/의전원 입시의 기본적인 입학 기준은 동일하거나 유사하므로 일반적으로는 아래 세 가지 기준(성적, 의대입학시험, 인터뷰)을 중점에 두고 준비하면 된다.

(1) 학부 과정

지역	대학	기간(년)	ATAR (lowest/minimum)	ISAT	UCAT	Interview
NSW	University of Newcastle & University of England(JMP)	5	94.30	–	●	●
	UNSW	6	96.00	●	●	●
	Western Sydney University(WSU)	5	95.50	●	●	●
	Macquarie University	6	95.00	–	–	●
VIC	Monash University	5	97.50	●	–	●
QLD	James Cook University	6	정보 미제공	–	–	●
SA	Flinders University	6	95.00	–	–	●
	University of Adelaide	6	90.00	–	●	●
WA	Curtin University	5	95.00	–	●	●
TAS	University of Tasmania	5	95.00	●	●	–

(2) 학부+의전원 입학 보장 프로그램-Provisional Entry Program

지역	대학	기간(년)	ATAR	ISAT	UCAT	Interview	Others
NSW	University of Sydney	7	99.95	–	–	●	
VIC	University of Melbourne	7	99.00	–	–	●	
QLD	Griffith University	6	99.85	–	–	–	
	University of Queensland	7	95.00	–	●	●	
WA	UWA	6	98.00	●	–	●	

※ ANU(호주국립대학교): Bachelor of Health Science 2학년을 마치면 성적평균, 인터뷰 결과에 따라 최대 30명의 학생이 Doctor of Medicine 입학 제안을 받게 된다. At the end of their second year in the Bachelor of Health Science up to 30 students will receive an offer of entry to the Doctor of Medicine and Surgery(MChD), contingent upon their grade point average(GPA), an interview process, and successful completion of the Bachelor of Health Science. (출처: ANU Medicine Faculty Website)

(3) 의전원 과정

지역	대학	기간(년)	Minimum GPA	GAMSAT	MCAT	Interview	Others
NSW	University of Sydney	4	5.0	●	●	●	
	UNDS	4	5.2	●	●	●	Portfolio
	UOW	4	5.0	●	●	●	Portfolio & Casper Test
	Macquarie University	4	5.0	●	●	●	Personal Statement
ACT	ANU	4	5.6	●	●	●	
VIC	University of Melbourne	4	5.0	●	●	●	
	Deakin University	4	5.0	●	●	●	Supplementary form
QLD	UQ	4	5.0	●	●	●	
	Griffith University	4	5.0	●	●	●	
SA	Flinders University	4	–	●	●	●	
WA	UWA	4	5.5	●	●	●	

(1) 뉴사우스웨일스(New South Wales)주

⊡ University of Sydney

대학 위치	Sydney, NSW	도시인구	600만 명
재학생 수	73,000명	국제학생 수	10,600명
메인 캠퍼스	Camperdown/Darlington	의과대학 캠퍼스	Camperdown
학업 기간	4년(의전원)/3+4년(학·석사 통합)	연간 학비	$88,500 (2023년 기준, 인상될 수 있음)
학기 시작	2월	유학생 입학정원	70명(총 300명) MD 10명(총 40명) DDMP

1850년에 설립된 시드니대학교(University of Sydney)는 호주 최초의 대학교이다. 2023 QS 세계대학 학과별 순위(의학)에 따르면 이 대학은 호주 내 2위, 세계 25위에 랭크되어 있다. 시드니 의과대학은 임상실습, 연구 또는 공중보건 등 의학 분야의 미래를 위한 탄탄한 기반을 제공하는 것을 목표로 하고 있다.

■ 과정명
- Doctor of Medicine
- Bachelor of Arts or Science and Doctor of Medicine(Double Degree Medicine Program—DDMP)

■ 지원 자격

· 대학 졸업 이상 – MD :

성적	최소 GPA 5.0/7.0 이상
입학시험	MCAT 500 이상 또는 GAMSAT 각 영역 50 이상
영어	IELTS 7.0(7.0)
	TOEFL 96 (R,L,S 23 / W 25)
	PTE 68(68)

· 고등학교 졸업 – DDMP :

성적	IB 45, SAT 1570, CSAT 408, A–level 24(best 4 A2 level)
인터뷰	Written assessment and Panel discussion
영어	IELTS 7.0(7.0)
	TOEFL 96 (R,L,S 23 / W 25)
	PTE 68(68)
본과 진학조건	① 학사과정 학년마다 성적을 최소 credit average 이상으로 유지
	② 학사과정 중 0학점 유닛(예: SMTP3007: Observational Elective) 수료

· 심사 배점 : 정보 미공개

■ 실습 의료기관

- Royal Prince Alfred Hospital Clinical School
- Sydney Medical School Northern Clinical School (based at Royal North Shore Hospital, Ryde Hospital, and Hornsby Ku–ring–gai Hospital)
- Sydney Medical School Central Clinical School (based at Concord Hospital and other affiliated hospitals)
- Sydney Medical School Western Clinical School (based at Westmead Hospital and affiliated hospitals)

- Sydney Medical School Nepean Clinical School (based at Nepean Hospital)
- Sydney Medical School Rural Clinical School (spread across multiple rural locations in New South Wales)
- Westmead Clinical School (associated with Westmead Hospital)
- Northern Rivers University Department of Rural Health (located in Lismore, New South Wales)
- Dubbo Clinical School (based at Dubbo Base Hospital)
- Orange Clinical School (associated with Orange Health Service)

② University of New South Wales

대학 위치	Sydney, NSW	도시인구	600만 명
재학생 수	62,500명	국제학생 수	20,000명
메인 캠퍼스	Kensington	의과대학 캠퍼스	Kensington
학업 기간	6년	연간 학비	$74,445 (2024년 기준, 인상될 수 있음)
학기 시작	2월	유학생 입학정원	100명 (총 약 300명)

UNSW(University of New South Wales) 의대는 2023년 QS 세계대학 학과별 순위에서 세계 52위를 차지했다. 이 대학의 의학 학석사 통합과정은 지난 6년 동안(2018~2023년) 지원자들이 NSW(New South Wales)에서 가장 우선으로 지망하고 있다.

UNSW 의대생들은 세계 최고의 보건, 교육 및 연구 환경인 Randwick 보건 및 교육 구역 내에서 학습하게 된다. 이곳은 전 세계 최고의 임상의와 학자들이 모여 있으며 의료 전문가 간의 협력을 촉진하고 획기적인 연구를 위한 환경을 제공한다. 또한 강력한 산업 연계망을 통해 호주 최고의 병원과 개인 병원에서 배울 수 있는 기회를 제공한다.

■ 과정명
 - Bachelor of Medical Studies / Doctor of Medicine

■ 지원 자격
· 고등학교 졸업 :

성적	IB 38, SAT 1370, CSAT 370, A-level 17
	GPA대학 1년 과정을 최소 75% 이상 이수한 경우 대학 성적과 고등학교 성적이 합산 심사되며, 대학졸업자는 대학 성적만이 심사기준이 된다.
입학시험	ISAT 각 영역 165 이상 또는
	UCAT overall 50% 이상
인터뷰	Panel Interview
영어	IELTS 7.0(6.0)
	TOEFL 94(R,L,S 23 / W 25)
	PTE 65(54)

· 심사 배점 :

성적	33%
입학시험	33%
인터뷰	33%

■ 실습 의료기관

- St George and Sutherland Clinical School
- The Black Dog Institute (associated with mental health)
- South Western Sydney Clinical School (based at Liverpool Hospital)
- The Rural Clinical School (spread across multiple rural locations in New South Wales)
- The Prince of Wales Clinical School
- The St Vincent's Clinical School
- The Ingham Institute Clinical School (associated with Campbelltown Hospital)
- The UNSW Medicine Wagga Wagga Rural Clinical School
- The UNSW Medicine Port Macquarie Rural Clinical School
- The UNSW Medicine Coffs Harbour Rural Clinical School

③ University of Newcastle and University of New England: JMP

대학 위치	Callaghan, NSW (UON) Armidale, NSW (UNE)	도시인구	32만 명 (UON) 2만 명 (UNE)
재학생 수	38,000명 (UON) 22,000명 (UNE)	국제학생 수	5,000명 (UON) 1,200명 (UNE)
메인 캠퍼스	Callaghan (UON) Armidale (UNE)	의과대학 캠퍼스	Newcastle 또는 Armidale
학업 기간	5년	연간 학비	$78,577 (2023년 기준, 인상될 수 있음)
학기 시작	2월	유학생 입학정원	24명 (총 170명)

공동 의학 프로그램 JMP(Joint Medical Program)는 뉴캐슬대학교(University of Newcastle)와 뉴잉글랜드대학교(University of New England) 간의 특별한 파트너십을 기반으로 하며, 뉴사우스웨일스 지역 보건지구의 지원을 받는다. 따라서 다양한 튜터, 전자자료, 도서관 시설 및 임상경험이 가능하다. 대도시 및 지방 의료 분야에서 다양한 경력을 가진 현직 의사와 관련 보건/과학 분야의 전문가 및 튜터로부터 배움의 기회를 갖게 된다.

공동 의학 프로그램 학생은 뉴캐슬대학교 또는 뉴잉글랜드대학교 중 한 곳에서 공부하게 된다. 두 대학 모두 동일한 커리큘럼, 최고 수준의 시설, 의료 전문가인 교수진의 학습 지원, 활기찬 대학 생활을 제공한다.

뉴캐슬대학교는 아름다운 해변을 눈앞에 두고 있다. 이곳에서 학생들은 Cooks

Hill의 Darby Street를 산책하며 쇼핑, 카페, 레스토랑을 즐기거나 Civic 극장 또는 Hunter Regional Art Gallery를 방문하며 특별한 문화체험을 할 수 있다. 호주에서 두 번째로 오래된 도시인 뉴캐슬은 독특한 역사와 문화가 풍부한 지역이다.

뉴잉글랜드대학교 학생들은 아름다운 가로수 길, 역사적인 건물, 세계 문화유산으로 지정된 국립공원의 단풍이 물든 그림 같은 환경 속에서 공부하게 된다. Armidale은 멋진 경치와 국제적인 분위기를 갖춘 독특한 문화중심지로 알려져 있다.

이곳에서 학생들은 도시와 전원 생활의 장점을 모두 누릴 수 있다.

■ 과정명
　－ Bachelor of Medical Science and Doctor of Medicine(Joint Medical Program)

■ 지원 자격
　· 고등학교 졸업 :

성적	IB 37, SAT 1330(+US high school diploma GPA3.0), CSAT 366, A-level 16/17(best 3 or 4)
	GPA 대학과정을 최소 1년 이상 공부한 경우 대학 성적으로 심사되며, 고등학교 성적은 반영되지 않는다.
입학시험	UCAT(대학원서 마감 전까지 cut-off는 결정되지 않는다.)
인터뷰	Panel Interview(Multiple Skills Assessment)
영어	IELTS 7.0(7.0)
	TOEFL 94(R,L 24~26 / S 23 / W 27~28)
	PTE 65-72(68)

　· 심사 배점 :

성적	33%
입학시험	33%

■ 실습 의료기관

- Newcastle Clinical School: Located at the John Hunter Hospital, the largest teaching hospital in the Hunter New England region, the Newcastle Clinical School offers a wide range of clinical experiences across different specialties.

- Central Coast Clinical School: Based at Gosford Hospital and Wyong Hospital, the Central Coast Clinical School provides medical students with clinical training opportunities in a regional healthcare setting.

- Hunter Rural Clinical School: The Hunter Rural Clinical School offers placements in rural and regional areas within the Hunter New England region, providing students with exposure to rural medicine and community healthcare.

- Joint Medical Program: The University of Newcastle collaborates with the University of New England and Hunter New England Local Health District to deliver the Joint Medical Program (JMP), which includes clinical placements at various hospitals and healthcare facilities in Newcastle, Gosford, and regional areas.

- Tamworth Rural Referral Hospital: Located in Tamworth, New South Wales, the Tamworth Rural Referral Hospital serves as a clinical training site for medical students interested in rural medicine.

- Manning Rural Referral Hospital: Manning Rural Referral Hospital, located in Taree, New South Wales, provides clinical training opportunities for medical students interested in rural healthcare delivery.

④ Western Sydney University

대학 위치	Parramatta, NSW	도시인구	26만 명
재학생 수	41,000명	국제학생 수	6,000명
메인 캠퍼스	Parramatta City	의과대학 캠퍼스	Campbeltown
학업 기간	5년	연간 학비	$72,496 (2023년 기준, 인상될 수 있음)
학기 시작	2월	유학생 입학정원	20명 (총 120명)

호주 시드니 서부에 위치한 대학교로 1989년에 설립되었다. 시드니 서부 지역에 여러 캠퍼스를 두고 있으며 국제학생들이 공부하게 되는 의과대학은 시드니 시내에서 기차로 약 45~60분 떨어진 캠벨타운(Campbelltown)에 위치해 있다.

5년제 학사학위 과정이 운영되는 웨스턴시드니대학교(Western Sydney University) 의과대학은 2007년에 설립된 이후로 약 670명 이상의 졸업생을 배출하였다.

의학 과정은 문제 기반 학습을 중심으로 하는 수직적, 수평적 통합 커리큘럼이며 환자 치료, 지역사회의 건강, 개인 및 전문적인 발전, 의학 및 과학적 기반이라는 네 가지 주제가 프로그램 전반에 걸쳐 진행된다. 환자접촉 및 임상학습은 첫 주부터 바로 시작되어 프로그램 내내 계속된다. 대학원 과정 학업을 원할 경우 역학, 알레르기 질환, 병리학, 심장초음파, 농촌 일반의학 및 응용 임상건강 연구 프로그램 중에서 선택할 수 있다.

■ 과정명
- Doctor of Medicine

■ 지원 자격
·고등학교 졸업 :

성적	IB 38, SAT 1320, CSAT 369, A-level A, A, A*
	GPA 성적으로도 지원 가능(수료 학기에 따라 학점 기준 상이함)
입학시험	ISAT 160(각 영역 50% 이상)
인터뷰	Panel Interview
영어	IELTS 7.0(7.0)
	TOEFL 100(R,L 24 / S 23 / W 27)
	PTE 65(65)

·심사 배점 : 정보 미공개

■ 실습 의료기관
- Campbelltown Clinical School: Located at Campbelltown Hospital, this clinical school offers medical students opportunities for clinical training in a diverse range of specialties, including emergency medicine, surgery, obstetrics and gynecology, pediatrics, and more.
- Blacktown-Mount Druitt Clinical School: Based at Blacktown Hospital and Mount Druitt Hospital, this clinical school provides medical students with exposure to healthcare delivery in culturally diverse and socioeconomically diverse communities.
- Westmead Clinical School: Affiliated with Westmead Hospital, one of the largest hospitals in Australia, this clinical school offers medical students comprehensive clinical training in various medical specialties, including

oncology, cardiology, nephrology, and more.

- Liverpool Clinical School: Located at Liverpool Hospital, this clinical school provides medical students with clinical training opportunities in a range of specialties, including trauma, critical care, surgery, and more.

- Nepean Clinical School: Associated with Nepean Hospital, this clinical school offers medical students exposure to healthcare delivery in a regional setting, with opportunities for clinical training in specialties such as orthopedics, urology, respiratory medicine, and more.

- Dubbo Clinical School: Located at Dubbo Base Hospital, this clinical school focuses on rural and remote medicine, providing medical students with clinical training experiences in rural healthcare delivery and community health.

- Northern Clinical School: Based at Royal North Shore Hospital, this clinical school offers medical students opportunities for clinical training in specialties such as neurology, neurosurgery, ophthalmology, and more.

대학 위치	North Ryde, NSW	도시인구	600만 명
재학생 수	44,000명	국제학생 수	10,000명
메인 캠퍼스	North Ryde	의과대학 캠퍼스	North Ryde, suburb of Sydney, New South Wales
학업 기간	4년(의전원) 2+4년(학·석사 통합)	연간 학비	$77,500 (2023년 기준, 인상될 수 있음)
학기 시작	2월	유학생 입학정원	약 20명 (총 60명)

맥쿼리대학교(Macquarie University)는 호주에서 가장 최신의 의과대학이다. 맥쿼리는 의대 졸업생들이 미래 의료 분야의 선두 리더로서 업무를 수행할 수 있도록 교육하는 것을 목표로 하고 있다. 이 대학의 졸업생들은 문화적으로 민감하고 글로벌한 시각을 가지고 있으며, 더욱 디지털화된 의료 시스템 내에서 능동적으로 활동할 수 있는 역량을 보유하게 된다.

맥쿼리대학교의 의과대학 학생들은 호주 최초의 대학 주도 통합 의료 캠퍼스인 MQ Health에서 공부하게 된다. 이곳에서는 뛰어난 환자 중심 임상 치료와 수준 높은 보건 및 의료 연구가 완전히 통합된 학습이 이루어진다. 체계적인 호주 및 국제 임상경험이 프로그램 전반에 걸쳐 포함되어 있어 다양한 의료 시스템, 문화 및 임상 프레젠테이션을 체험할 수 있는 기회를 제공하고 있다.

■ 과정명

- Doctor of Medicine
- Bachelor of Clinical Science / Doctor of Medicine

■ 지원 자격

· 대학 졸업 이상 :

성적	최소 GPA 5.0 / 7.0 이상(Weighted Grade Point Average: 마지막 3년 성적을 기준으로 하며 마지막 학년×3, 3학년×2, 2학년×1 가중치로 성적 계산)
선수과목	Human Anatomy, Human Physiology
입학시험	MCAT 500점 이상 또는 GAMSAT 50(각 섹션 50 이상)
인터뷰	MMI
영어	IELTS 7.0(7.0)
	TOEFL 98(R,L24 / S23 / W27)
	PTE 65(65)
기타	MD Supplementary Form 제출

· 심사 배점 :

성적	50% (1차)	50% (최종)
입학시험	50% (1차)	
인터뷰		50% (최종)

· 고등학교 졸업 :

성적	IB 36, SAT 1320~1360, CSAT 5*, A-level 14
	*수학+기타 과목 2~3과목 등급 합산(기타 과목: 언어, 영어, 탐구과목에서 선택 가능)
선수과목	Chemistry, Math
입학시험	N/A

인터뷰	MMI
영어	IELTS 7.0(7.0)
	TOEFL 98(R,L 24 / S 23 / W 27)
	PTE 65(65)
본과 진학조건	학사학위 성적 Weighted Average Mark(WAM) 70 이상
	학사과정 중 Professional practice 유닛 성적 WAM 70 이상

■ 실습 의료기관

– Macquarie University Hospital Clinical School: Located at Macquarie University Hospital in Sydney, New South Wales, this clinical school offers medical students opportunities for clinical training in a wide range of specialties, including general medicine, surgery, obstetrics and gynecology, pediatrics, psychiatry, and more.

– Sydney Adventist Hospital Clinical School: Affiliated with Sydney Adventist Hospital in Wahroonga, New South Wales, this clinical school provides medical students with clinical training experiences in a private hospital setting, with exposure to specialties such as cardiology, orthopedics, oncology, and more.

– Rural Clinical School(RCS): The Rural Clinical School program offers medical students placements in rural and regional areas of New South Wales, providing opportunities for clinical training in primary care, community health, and rural medicine. The RCS aims to address the shortage of healthcare professionals in rural and remote regions by exposing students to the unique challenges and rewards of rural healthcare delivery.

Northern Sydney Local Health District(NSLHD)

MindSpot Clinic

Apollo Hospital (Hyderabad, India)

The Royal North Shore Hospital

6 University of Wollongong

대학 위치	Wollongong, NSW	도시인구	30만 명
재학생 수	33,000명	국제학생 수	12,500명
메인 캠퍼스	Wollongong	의과대학 캠퍼스	Wollongong
학업 기간	4년	연간 학비	$65,040 (2023년 기준, 인상될 수 있음)
학기 시작	2월	유학생 입학정원	12명 (총 84명)

울릉공대학교(University of Wollongong)은 '2021 Good Universities'에서 의학과 정규
직 취업률 부분 호주 내 1위를 차지했다. 또한 의대 졸업생들의 평균 초봉, 전반적인
질, 교육의 질 부문에서 뉴사우스웨일스주 1위를 차지하기도 했다.

■ 과정명

− Doctor of Medicine

■ 지원 자격

• 대학 졸업 이상 :

성적   최소 GPA 5.5/7.0 이상(Weighted Grade Point Average: 마지막 3년
성적을 기준으로 하며 마지막 학년×3, 3학년×2, 2학년×1 가중치로
성적 계산)

입학시험	MCAT 495점(각 영역 123 이상) 또는 GAMSAT 50점(각 영역 50 이상)
영어	IELTS 7.0(7.0)
	TOEFL 94(R.L 24 / S 23 / W 27)
	PTE 69(R.W 69 / S.L 62)
인터뷰	MMI
기타	Casper Test
	학교에서 제시하는 포트폴리오 제출

·심사 배점 : 정보 미공개

■ 실습 의료기관

  - Wollongong Hospital

    Location: Wollongong, NSW

    Major Departments: Internal Medicine, Surgery, Pediatrics, etc.

    Features: Largest hospital in the region providing diverse medical specialties for clinical placements.

  - Shellharbour Hospital

    Location: Shellharbour, NSW

    Major Departments: Emergency Medicine, Mental Health, Rehabilitation, etc.

    Features: Offers specialized training environment in Emergency Medicine and Mental Health.

  - Shoalhaven District Memorial Hospital

    Location: Nowra, NSW

    Major Departments: Surgery, Obstetrics & Gynecology, Neurology, etc.

    Features: Provides essential medical services to the local community and offers students exposure to various medical fields.

  - Bowral Hospital

Location: Bowral, NSW

Major Departments: Neurosurgery, Cardiology, Ophthalmology, etc.

Features: Traditional hospital offering opportunities for clinical placements in surgery and therapeutic areas.

— Milton Ulladulla Hospital

Location: Milton Ulladulla, NSW

Major Departments: Family Medicine, Rehabilitation, Pain Management, etc.

Features: Focuses on community healthcare services and provides medical education in various fields.

— Bulli Hospital

Location: Bulli, NSW

Major Departments: Mental Health, Rehabilitation, Geriatric Health, etc.

Features: Emphasizes mental health and rehabilitation programs, offering unique experiences for students.

— Coledale Hospital

Location: Coledale, NSW

Major Departments: Family Medicine, Emergency Medicine, Surgery, etc.

Features: Small—scale hospital providing essential medical services to the local community.

— Illawarra Medical Centre

Location: Illawarra, NSW

Major Departments: Family Medicine, Internal Medicine, Allergy, etc.

Features: Offers specialized medical services to the local community and diverse clinical experiences for students.

— Southern Highlands Medical Centre

Location: Southern Highlands, NSW

Major Departments: Family Medicine, Pediatrics, Mental Health, etc.

Features: Provides rural healthcare services and diverse clinical experiences for students.

⑦ University of Notre Dame

대학 위치	Fremantle, Western Australia	도시인구	210만 명
재학생 수	12,000명	국제학생 수	1,400명
메인 캠퍼스	Fremantle	의과대학 캠퍼스	Fremantle or Sydney
학업 기간	4년	연간 학비	$77,625 (2023년 기준, 인상될 수 있음)
학기 시작	1월/2월	유학생 입학정원	약 30명 (총 70명)

노트르담대학교(University of Notre Dame)는 호주에 위치한 가톨릭 대학으로 웨스턴오스트레일리아(Western Australia)주, 뉴사우스웨일스(New South Wales)주에 캠퍼스를 두고 있다. 1989년 설립된 이 대학은 가톨릭 기독교 교육을 바탕으로 교육하고 있다. 가톨릭 대학교로는 유일하게 의학 프로그램을 제공하고 있으며, 호주/뉴질랜드 시민권자와 호주 영주권자를 대상으로 하는 과정이다. 그러나 최근 시드니 캠퍼스에 소수의 유학생 정원을 받기 시작했으며, 2023년부터 서호주에 위치한 프리맨틀(Fremantle) 캠퍼스에서도 소수의 유학생을 받기 시작했다.

■ 과정명

- Doctor of Medicine

■ 지원 자격

•대학 졸업 이상 :

성적	최소 GPA 5.2/7.0 이상(Weighted Grade Point Average: 마지막 3년 성적을 기준으로 하며 마지막 학년×3, 3학년×2, 2학년×1 가중치로 성적 계산)
입학시험	MCAT 500점 이상 또는 GAMSAT 각 영역 50 이상
영어	IELTS 7.0(7.0)
	TOEFL 98(R.W 25 / L.S 22)
	PTE 69(R.W 69 / L.S 62)
인터뷰	MMI
기타	Notre Dame Portfolio(Personal qualities) 제출

•심사 배점 :

성적	100%(1차)
입학시험	50%(2차)
인터뷰	50%(2차)

■ 실습 의료기관

- Fremantle Clinical School: Located at St John of God Hospital in Fremantle, Western Australia, this clinical school offers medical students opportunities for clinical training in a wide range of specialties, including general medicine, surgery, obstetrics and gynecology, pediatrics, psychiatry, and more.

- Sydney Clinical School: Based at St Vincent's Hospital in Sydney, New South Wales, this clinical school provides medical students with clinical training experiences in a tertiary hospital setting, with exposure to specialties such as emergency medicine, cardiology, oncology, and more.

- Royal Perth Hospital Clinical School: Affiliated with Royal Perth Hospital in Western Australia, this clinical school offers medical students clinical training opportunities in a wide range of specialties, including general medicine, surgery, orthopedics, neurology, and more.

- Broome Rural Clinical School: Located in Broome, Western Australia, this rural clinical school focuses on rural and remote medicine, providing medical students with clinical training opportunities in primary care, community health, and rural healthcare delivery.

- Lismore Clinical School: Associated with St Vincent's Hospital in Lismore, New South Wales, this clinical school provides medical students with clinical training experiences in a regional healthcare setting, with exposure to specialties such as general medicine, surgery, obstetrics and gynecology, pediatrics, and more.

(2) 빅토리아(Victoria)주

① University of Melbourne

대학 위치	Melbourne, Victoria	도시인구	500만 명
재학생 수	54,000명	국제학생 수	23,760명
메인 캠퍼스	Parkville(Melbourne)	의과대학 캠퍼스	Parkville
학업 기간	4년	연간 학비	$96,160 (2023년 기준, 인상될 수 있음)
학기 시작	1월	유학생 입학정원	55명 (총 340명)

멜버른대학교(University of Melbourne)는 호주에서 가장 오래된 의과대학이 있는 곳으로 교육 및 훈련, 보건 연구, 정책 및 실무 분야에서 글로벌 리더십으로 국제적인 명성을 얻고 있다. 2023 QS 세계대학 학과별 순위(의학)에 따르면 멜버른대학교는 호주 1위, 세계 24위에 랭크되어 있다.

2011년 호주 최초 석사 수준의 의학과정으로 출범한 멜버른대학교 의대는 21세기 의학교육의 새로운 기준을 만들었다. 10년이 지난 지금, 새롭게 디자인된 MD 과정을 도입하여 의료 경력을 시작하는 사람들에게 전례 없는 수준의 유연성을 제공함으로써 다시 한번 교육을 선도하는 때를 맞이하였다.

학부과정을 마치고 전문교육에 전념하는 학생들을 위해 설계된 'University of Melbourne MD' 과정은 각 개인의 개인적, 전문적 발전을 모두 지원한다. 새롭게 디자인된 이 과정은 복잡한 환경에서 성공하고 변화를 주도할 수 있는 우수한 의료 전문가를 배출하는 것을 목표로 한다. 이 과정은 학생들이 인턴십의 어려움과 점점 더 다양해지는 의료 경력에 대비할 수 있도록 고급 임상 및 학술 교육을 제공한다. 멜버른대학교 의대는 선택과 맞춤화에 중점을 두어 학생들이 자신의 미래를 설계할 수 있도록 지원한다.

■ 과정명
  - Doctor of Medicine

■ 지원 자격
  ·대학 졸업 이상 :

성적	최소 GPA 6.0/7.0 이상(Weighted Grade Point Average: 마지막 3년 성적을 기준으로 하며 마지막 학년×2, 3학년×2, 2학년×1 가중치로 성적 계산)
선수과목	Anatomy, Biochemistry, Physiology
입학시험	MCAT 최소 492점 이상 또는 GAMSAT 각 영역 50 이상(호주 거주 중인 국제학생 해당)
인터뷰	MMI
영어	IELTS 7.0(7.0)
	TOEFL 94(R,L 13 / S 18 / W 27)
	PTE 65(W 65 / 나머지 영역 50+)
	PTE 65(58)

  ·심사 배점 :

성적	50%
입학시험	25%
인터뷰	25%

■ 실습 의료기관

- Melbourne Medical School Clinical School: Located primarily at the Royal Melbourne Hospital, this clinical school offers medical students opportunities for clinical training in a wide range of specialties, including general medicine, surgery, obstetrics and gynecology, pediatrics, psychiatry, and more.

- Western Clinical School: Affiliated with hospitals in Melbourne's western suburbs, including Sunshine Hospital and Footscray Hospital, this clinical school provides medical students with clinical training experiences in a diverse and multicultural community, with exposure to specialties such as general medicine, surgery, orthopedics, and more.

- Eastern Health Clinical School: Based at Box Hill Hospital and other hospitals within the Eastern Health network, this clinical school offers medical students clinical training opportunities in various specialties, including general medicine, surgery, obstetrics and gynecology, pediatrics, and more.

- Northern Clinical School: Associated with hospitals in Melbourne's northern suburbs, including the Northern Hospital, this clinical school provides medical students with clinical training experiences in specialties such as emergency medicine, surgery, cardiology, respiratory medicine, and more.

- Southern Clinical School: Located at hospitals in Melbourne's southern suburbs, including Monash Medical Centre and Dandenong Hospital, this clinical school focuses on translational research and clinical training in areas such as immunology, infectious diseases, cancer, and more.

- Ballarat Clinical School: Affiliated with Ballarat Health Services, this clinical school provides medical students with clinical training opportunities in a regional healthcare setting, with exposure to specialties such as general medicine, surgery, orthopedics, and more.

② Monash University

대학 위치	Melbourne, Victoria	도시인구	500만 명
재학생 수	86,000명	국제학생 수	30,000명
메인 캠퍼스	Clayton	의과대학 캠퍼스	Clayton/Gippsland
학업 기간	5년(의예과)/4년(Graduate entry)	연간 학비	$87,000 (2023년 기준, 인상될 수 있음)
학기 시작	2월	유학생 입학정원	의예과: 60~65명 (총 305명) Graduate entry: 15명 (총 80명)

모나쉬대학교(Monash University)는 연구와 교육의 우수성으로 국내외에서 명성을 얻고 있으며, 세계대학 상위 1%에 속하는 대학이다. 모나쉬대학교 의과대학은 포괄적이고 융합적인 의료 교육을 제공하고 있다. 의학, 간호학 및 보건과학 학부는 이 대학에서 가장 큰 연구 학부로서, 건강관리 및 생명과학 분야의 연구 품질과 영향력으로 명성을 확립했다. 더 나아가 모나쉬대학교는 기본 과학에 그치지 않고 연구 결과를 현실적인 인간건강 혜택으로 전환하는 전환연구에도 큰 관심을 두고 있다.

모나쉬대학교의 의학과정은 의사, 의료 전문가, 그리고 보건 및 연구 분야의 지도자들과의 긴밀한 협의를 통해 설계되었다. 이 과정을 통해 학생들은 과학적 지식뿐만 아니라 임상적 전문성을 함께 갖춘 미래의 의사가 될 준비를 할 수 있게 된다.

■ 과정명

- Bachelor of Medical Science, Doctor of Medicine

■ 지원 자격

•대학 졸업 이상 :

성적	최소 GPA 6.0/7.0 이상(약 80% 이상)
선수과목	핵심적이고 폭넓은 생물의학 과목(예: 약리학, 생리학, 면역학, 생화학, 미생물학 또는 유전학 등)
입학시험	MCAT 최소 504 이상 또는 GAMSAT 각 영역 50 이상
인터뷰	MMI
기타	Casper Test (SJT)
영어	IELTS 7.0(6.5+)
	TOEFL 94(R 19 / L,S 20 / W 24)
	PTE 65(58)

•고등학교 졸업 :

성적	IB 39, SAT 1420, CSAT 380, A-level 15
선수과목	화학
입학시험	ISAT 170(165)
인터뷰	MMI
영어	IELTS 7.0(6.5+)
	TOEFL 94(R 19 / L,S 20/W 24)
	PTE 65(58)

•심사 배점 :

성적	33%
입학시험	33%

인터뷰   33%

■ 실습 의료기관

- Monash Health Clinical School: Located at Monash Medical Centre, this clinical school offers medical students opportunities for clinical training in a wide range of specialties, including general medicine, surgery, obstetrics and gynecology, pediatrics, psychiatry, and more.

- Alfred Medical Research and Education Precinct(AMREP) Clinical School: Affiliated with The Alfred Hospital and other healthcare facilities within the AMREP precinct, this clinical school provides medical students with exposure to medical research and clinical training in specialties such as infectious diseases, cancer, neurology, and more.

- Southern Clinical School: Based at various hospitals in Melbourne's southern suburbs, including Casey Hospital and Dandenong Hospital, this clinical school offers medical students clinical training opportunities in a diverse and multicultural community, with exposure to specialties such as general medicine, surgery, psychiatry, and more.

- Central Clinical School: Located at The Alfred Hospital, this clinical school focuses on translational research and clinical training in areas such as immunology, infectious diseases, cancer, and more.

- Eastern Health Clinical School: Affiliated with hospitals within the Eastern Health network, including Box Hill Hospital and Maroondah Hospital, this clinical school provides medical students with clinical training experiences in a variety of specialties, including general medicine, surgery, obstetrics and gynecology, pediatrics, and more.

- Gippsland Medical School: Located in Traralgon, Victoria, this clinical school focuses on rural and regional medicine, providing medical students with clinical training opportunities in primary care, community health, and rural healthcare delivery.

③ Deakin University

대학 위치	Geelong, Victoria	도시인구	19만 명
재학생 수	64,500명	국제학생 수	11,200명
메인 캠퍼스	Burwood	의과대학 캠퍼스	Waurn Ponds
학업 기간	4년	연간 학비	$77,400 (2023년 기준, 인상될 수 있음)
학기 시작	1월	유학생 입학정원	15명

질롱(Geelong)에 위치한 디킨대학교(Deakin University)는 도시 생활의 장점과 여유로운 분위기가 결합된 곳이다. 멜버른에서 기차로 1시간 거리에 위치한 질롱은 최고의 카페와 레스토랑이 늘어선 멋진 해안가가 있는 역동적이고 안전한 해안 도시이다.

디킨대학교 의과대학은 빅토리아 최초의 지방 의과대학으로, 호주 각 지방의 만성적인 의사 부족 문제를 줄이기 위해 취업 준비가 된 졸업생을 양성하는 사명을 가지고 있다. Deakin 의대생은 임상, 의사소통, 기술의 조기 개발, 만성 질환의 진단 및 관리, 전문성 및 취업 준비, 다학제적 팀워크에 중점을 두고 의학 실무에 대한 포괄적인 이해를 쌓게 된다.

의학을 공부하는 학생들은 5,300만 달러 규모의 특수 목적 시설인 Geelong Waurn

Ponds 캠퍼스에서 여정을 시작하게 된다. 이 시설은 Deakin University 의대의 핵심 주제인 문제 기반 학습을 위한 이상적인 교육 환경을 제공한다. 향후 커리어에서 직면하게 될 문제를 해결하는 방법을 배우는 동시에 기초 의학 원리, 임상적 추론, 우수한 환자 중심 진료에 필요한 높은 수준의 의사소통 기술에 대한 자신감을 키울 수 있게 된다.

■ 과정명
- Doctor of Medicine

■ 지원 자격
· 대학 졸업 이상 :

성적	최소 GPA 5.0/7.0 이상(가장 최근 학위의 최종 3년 성적 기준)
선수과목	해당 없음
입학시험	MCAT 각 영역 125 이상
	GAMSAT 각 영역 50 이상
영어	IELTS 7.0(7.0)
	TOEFL 94(W 27)
	PTE 65(65)
인터뷰	MMI

· 심사 배점 :

성적	50% (1차)	25% (최종)
입학시험	50% (1차)	25% (최종)
인터뷰		55% (최종)

■ 실습 의료기관
- Geelong Clinical School: Located at University Hospital Geelong, this clinical

school offers medical students opportunities for clinical training in a wide range of specialties, including general medicine, surgery, obstetrics and gynecology, pediatrics, psychiatry, and more.

- Ballarat Clinical School: Based at Ballarat Base Hospital, this clinical school provides medical students with clinical training experiences in a regional healthcare setting, with exposure to specialties such as general medicine, surgery, orthopedics, and more.

- Warrnambool Clinical School: Affiliated with South West Healthcare in Warrnambool, this clinical school focuses on rural and regional medicine, providing medical students with clinical training opportunities in primary care, community health, and rural healthcare delivery.

- Eastern Health Clinical School (Box Hill): Associated with Box Hill Hospital and other hospitals within the Eastern Health network, this clinical school offers medical students clinical training experiences in a variety of specialties, including general medicine, surgery, obstetrics and gynecology, pediatrics, and more.

- Northern Health Clinical School (Epping): Affiliated with Northern Hospital in Epping, this clinical school provides medical students with clinical training opportunities in a range of specialties, including emergency medicine, surgery, cardiology, respiratory medicine, and more.

(3) 퀸즐랜드(Queensland)주

Ⅰ University of Queensland

대학 위치	Brisbane, Queensland	도시인구	250만 명
재학생 수	55,044명	국제학생 수	21,000명
메인 캠퍼스	St Lucia	의과대학 캠퍼스	St Lucia / Herston
학업 기간	4년(의전원)/3＋4년(학·석사 통합)	연간 학비	$85,024 (2023년 기준, 인상될 수 있음)
학기 시작	1월	유학생 입학정원	의전원 90명 학·석사 통합 15명

　퀸즐랜드대학교(University of Queensland: UQ)는 성취도가 높은 학생들을 변화를 창조하는 데 열정을 가진 세계적 수준의 의료 전문가와 연구자로 양성한다. UQ 의학과 졸업생은 보건 분야에서 경력을 쌓고 수백만 명의 삶에 영향을 미칠 수 있는 연구에 참여할 수 있는 기술을 갖추게 된다. 2021 QS 세계대학 학과별 순위(의학)에 따르면 UQ는 호주에서 상위 4개 대학에 속한다.

　UQ의 의학박사(MD) 프로그램은 풍부하고 자랑스러운 역사를 가지고 있으며 1만 3,000명 이상의 의사를 배출시켰다. 커리큘럼은 UQ 대학원 입학생들의 열정과 성숙함을 담아내기 위해 개발되었으며, UQ의 세계적 수준의 교수진과 선택한 연구 분야의 전문가들이 교육 프로그램을 학습자 중심, 연구 중심, 증거 기반 교육으로 뒷받침하고 있다.

■ 과정명

−Doctor of Medicine

■ 지원 자격

・대학 졸업 이상 :

성적	최소 GPA 5.0/7.0 이상
선수과목	Integrative Cell and Tissue Biology
	System Physiology
입학시험	MCAT 최소 504점 이상(4년 유효) 또는
	GAMSAT 각 섹션 50 이상(2년 유효)
인터뷰	MMI
영어	IELTS 7.0(7.0)
	TOEFL 100(R,L 25 / W 27 / S 23)
	PTE 72(72)

・고등학교 졸업 :

성적	IB 37, SAT 1380, CSAT 368, A−level 14
입학시험	UCAT 50th percentile
인터뷰	MMI
영어	IELTS 7.0(7.0)
	TOEFL 100(R,L 25 / W 27 / S 23)
	PTE 72(72)
본과 진학조건	① 학부 성적 GPA 5.0 이상으로 수료
	② BIOM2011 Integrative Cell and Tissue Biology, BIOM2012
	System Physiology 유닛 passing grade 성적으로 이수

・심사 배점 : 정보 미공개

■ 실습 의료기관

Children's Health Queensland

Greenlopes Private Hospital, Ipswich Hospital(West Moreton Hospital Services)

Mater Hospital and Health Services

Metro North Hospital and Health Services

Rural Clinical School

Ochsner Clinical School(New Orleans, USA)

- UQ Clinical Unit Ipswich: Located at Ipswich Hospital, this clinical unit offers medical students opportunities for clinical training in a wide range of specialties, including general medicine, surgery, obstetrics and gynecology, pediatrics, psychiatry, and more.

- UQ Clinical Unit Sunshine Coast: Based at Sunshine Coast University Hospital, this clinical unit provides medical students with clinical training experiences in a regional healthcare setting, with exposure to specialties such as emergency medicine, surgery, orthopedics, and more.

- UQ Rural Clinical School: Spread across multiple sites in rural and regional Queensland, the UQ Rural Clinical School focuses on rural and remote medicine, providing medical students with clinical training opportunities in primary care, community health, and rural healthcare delivery.

- UQ Rural Clinical School – Rockhampton: Located in Rockhampton, this rural clinical school offers medical students clinical training experiences in a regional healthcare setting, with exposure to specialties such as general medicine, surgery, obstetrics and gynecology, pediatrics, and more.

- UQ Rural Clinical School – Toowoomba: Based in Toowoomba, this rural clinical school provides medical students with clinical training opportunities in a regional healthcare setting, with exposure to specialties such as general medicine, surgery, obstetrics and gynecology, pediatrics, and more.

- UQ Rural Clinical School - Bundaberg: Affiliated with Bundaberg Hospital, this rural clinical school offers medical students clinical training experiences in a regional healthcare setting, with exposure to specialties such as general medicine, surgery, obstetrics and gynecology, pediatrics, and more.

② Griffith University

대학 위치	Gold Coast, Queensland	도시인구	63만 명
재학생 수	55,000명	국제학생 수	8,500명
메인 캠퍼스	Gold Coast	의과대학 캠퍼스	Gold Coast or Nathan
학업 기간	4년(의전원)/2＋4년(학·석사 통합)	연간 학비	$36,500 (학사) $77,500 (석사) (2024년 기준, 인상될 수 있음)
학기 시작	2월/3월	유학생 입학정원	20명 (총 250명)

그리피스대학교(Griffith University)는 자연 그대로의 숲 지대에 자리 잡고 있으며 유명한 골드 코스트의 깨끗한 해변에서 불과 몇 분 거리에 있다. 보건학 분야의 강점으로 널리 알려진 그리피스대학교는 골드 코스트 대학병원과 함께 위치한 1억 3,600만 달러 규모의 그리피스 보건센터(Griffith Health Centre)를 비롯한 최첨단 시설을 자랑한다.

그리피스대학교 의과대학은 2005년 개교하여 2008년 첫 졸업생을 배출했다. 현재 1,200명 이상의 졸업생이 독립적으로 개업하거나 전문 수련을 받고 있다. 그리피스대학교 의대를 졸업하면 전문 임상 진료, 일차 진료 의학, 농촌 의료 진료, 의료 행정, 의학 연구, 의학 교육 등 다양한 커리어를 준비할 수 있다.

그리피스대학교 학·석사 통합과정 중 학사 2년 과정은 1학년에 여름 학기, 2학년에 겨울 학기를 포함하여 총 6학기(일반 3년 과정과 동일)로 구성되어 있다.

■ 과정명
　－ Doctor of Medicine
　－ Bachelor of Medical Science ＋ Doctor of Medicine

■ 지원 자격
　•대학 졸업 이상 :
　　성적　　　　　최소 GPA 5.0/7.0 이상
　　입학시험　　　MCAT 각 영역 최소 123점 이상(2년 유효) 또는 GAMSAT 각 영역 최소 50 이상(2년 유효)
　　인터뷰　　　　MMI
　　영어　　　　　IELTS 7.0(7.0)
　　　　　　　　　TOEFL 94(R,L 24 / W 27 / S 23)
　　　　　　　　　PTE 65(65)
　•심사 배점 :　정보 미공개

　•고등학교 졸업 :
　　성적　　　　　IB 39, SAT 1420, CSAT 373, A-level 16
　　입학시험　　　해당 없음
　　인터뷰　　　　해당 없음
　　영어　　　　　IELTS 7.0(각 영역 6.5+)

TOEFL 92(각 영역 22+)

PTE 65(58)

본과 진학조건   학사 과정 GPA 5.0 이상으로 수료

·심사 배점   성적 100%

■ 실습 의료기관

Gold Coast University Hospital

Logan Hospital

Queen Elizabeth II Jubilee Hospital

Redland Hospital

Robina Hospital

Beaudesert Hospital

Ipswich Hospital

Princess Alexandra Hospital

Mater Hospital Brisbane

Royal Brisbane and Women's Hospital

The Tweed Hospital

The Wesley Hospital

- Gold Coast Clinical School: Located at the Gold Coast University Hospital, this clinical school offers medical students' opportunities for clinical training in a wide range of specialties, including emergency medicine, surgery, internal medicine, pediatrics, obstetrics and gynecology, and more.

- Logan Clinical School: Based at the Logan Hospital in Queensland, this clinical school provides medical students with clinical training experiences in a diverse and multicultural community, with exposure to specialties such as general medicine, surgery, psychiatry, and more.

— Beaudesert Clinical School: Affiliated with Beaudesert Hospital, this clinical school focuses on rural and regional medicine, providing medical students with clinical training opportunities in primary care, community health, and rural healthcare delivery.

— Tweed Heads Clinical School: Located at the Tweed Heads Hospital in New South Wales, this clinical school offers medical students exposure to healthcare delivery in a regional setting, with opportunities for clinical training in specialties such as general medicine, surgery, orthopedics, and more.

— Sunshine Coast Clinical School: Associated with the Sunshine Coast University Hospital, this clinical school provides medical students with clinical training experiences in a rapidly growing region, with opportunities for exposure to specialties such as oncology, cardiology, neurology, and more.

대학 위치	Townsville or Cairns, Queensland	도시인구	19만 4,000명
재학생 수	22,000명	국제학생 수	6,640명
메인 캠퍼스	Townsville	의과대학 캠퍼스	Townsville or Cairns
학업 기간	6년	연간 학비	$65,960 (2023년 기준, 인상될 수 있음)
학기 시작	2월	유학생 입학정원	40명 (총 208명)

제임스쿡대학교(James Cook University: JCU) 의학 과정은 농촌, 오지 및 원주민 보건, 열대 의학 분야에서 독보적인 자격을 갖춘 졸업생을 배출한다. 생명과학에 견고한 기반을 다지고 다양한 실무경험을 쌓을 수 있도록 종합적이고 전문적인 프로그램을 제공한다. 이 과정은 호주 북부와 그 주변 지역사회와 함께 협력하며 해당 지역들의 건강 문제에 대응하는 것을 강조한다.

JCU 의학 학생으로서 해부학, 감염 통제, 질병 예방, 생화학, 건강 증진 및 의료 윤리와 같은 다양한 임상 및 생물학적 분야의 전문 지식과 연구 기술을 습득한다. JCU 의과대학은 세계보건기구(WTO)가 제시한 '사회적으로 책임 있는 의학 교육'에 따라 지역사회의 건강 문제에 대한 교육을 우선시하고 연구 및 서비스를 지원하는 데 앞장서고 있다.

■ 과정명

　－ Bachelor of Medicine, Bachelor of Surgery

■ 지원 자격

　·고등학교 졸업 :

성적	IB 38, SAT 1380, A-level 12
선수과목	화학, 수학B
입학시험	해당 없음
인터뷰	Panel Interview
영어	IELTS 7.0(3영역 7.0+/1영역 6.5+)
	TOEFL 94(R,L 24 / S 23 / W 27)
	PTE 65(3영역 65+ / 1영역 58+)
기타	Written application form

　·심사 배점 :　정보 미공개

■ 실습 의료기관

　－ Townsville Clinical School: Located at Townsville Hospital, this clinical school offers medical students opportunities for clinical training in a wide range of specialties, including general medicine, surgery, obstetrics and gynecology, pediatrics, psychiatry, and more.

　－ Cairns Clinical School: Based at Cairns Hospital, this clinical school provides medical students with clinical training experiences in a regional healthcare setting, with exposure to specialties such as emergency medicine, surgery, orthopedics, and more.

　－ Mackay Clinical School: Affiliated with Mackay Base Hospital, this clinical school offers medical students clinical training opportunities in a regional healthcare setting, with exposure to specialties such as general medicine, surgery, obstetrics and gynecology, pediatrics, and more.

– Longreach Clinical School: Located in Longreach, this clinical school focuses on rural and remote medicine, providing medical students with clinical training opportunities in primary care, community health, and rural healthcare delivery.

– Mount Isa Clinical School: Based in Mount Isa, this clinical school offers medical students clinical training experiences in a regional healthcare setting, with exposure to specialties such as general medicine, surgery, obstetrics and gynecology, pediatrics, and more.

(4) 수도주(Australian Capital Territory)

① Australian National University

대학 위치	Canberra, ACT	도시인구	40만 명
재학생 수	19,000명	국제학생 수	8,300명
메인 캠퍼스	Acton	의과대학 캠퍼스	Acton
학업 기간	4년	연간 학비	$90,130 (2024년 기준, 인상될 수 있음)
학기 시작	2월	유학생 입학정원	20명 (총 100명)

호주국립대학교(Australian National University)는 세계 최고의 대학 중 하나이다. 약 10만 명의 동문 중에는 전 세계 정계, 재계, 정부 및 학계 리더가 포함되어 있다. 호주 대륙과 지역 및 각계각층에서 뛰어난 인재들을 배출해 냈다.

이 대학의 의학 과정은 윤리적인 의료 서비스와 의학 지식의 확장에 헌신하는 졸업생을 배출하는 것을 목표로 한다. 해당 과정은 4가지 테마(Medical Sciences, Clinical Skills, Population health, Professionalism and leadership)로 구성되어 있다. 이 커리큘럼은 의학의 사회적 토대를 탐구하고, 호주 원주민 건강상황에 대한 이해를 발전시키며, 호주 시골 및 외곽지역에서의 의료 서비스에 대한 통찰력과 경험을 제공하는 프레임워크를 기반으로 한다. 연구집약적인 대학의 특성에 맞게 이 과정은 학생들의 연구능력을 개발하고 성취도가 높은 학생들에게는 연구중심 학위를 동시에 취득할 수 있는 기회도 제공한다.

이 대학은 의전원 과정을 제공하고 있으며 학·석사 통합과정은 운영하지 않는다. 다만 본교에서 Bachelor of Health Science 과정을 통해 의전원 과정으로 진학이 가능하다. 조건은 학사과정 2학년까지 마친 뒤 성적(40%), 인터뷰(40%), 지원서(20%) 비중으로 심사된다. 이 경우 의전원 입학시험인 MCAT나 GAMSAT는 면제된다.

■ 과정명
  − Doctor of Medicine and Surgery

■ 지원 자격
  ·대학 졸업 이상 :

성적	최소 GPA 5.6/7.0 이상(Weighted Grade Point Average: 마지막 3년 성적을 기준으로 하며 마지막 학년×2, 3학년×2, 2학년×1 가중치로 성적 계산)
선수과목	해당 없음
입학시험	MCAT 각 영역 125점 이상 또는 GAMSAT 55점(각 영역 50 이상)
인터뷰	Part1: 주어진 시나리오에 대한 답변 Part2: 패널 인터뷰

영어   IELTS 7.0(6.0)

          TOEFL 100(22)

          PTE 70(60)

•심사 배점 :

  성적   25%

  입학시험   25%

  인터뷰   50%

■ 실습 의료기관

  – Canberra Hospital Clinical School: Located at Canberra Hospital, this clinical school offers medical students opportunities for clinical training in a wide range of specialties, including general medicine, surgery, obstetrics and gynecology, pediatrics, psychiatry, and more.

  – Calvary Public Hospital Clinical School: Affiliated with Calvary Public Hospital in Bruce, ACT, this clinical school provides medical students with additional clinical training experiences, particularly in areas such as emergency medicine, geriatrics, and palliative care.

  – Regional and Rural Clinical School(RRCS): The ANU Medical School has partnerships with various healthcare facilities in regional and rural areas of New South Wales, providing medical students with opportunities for clinical placements in these areas. The RRCS aims to address the shortage of healthcare professionals in rural and remote areas by exposing students to rural medicine and healthcare delivery.

(5) 사우스오스트레일리아(South Australia)주

① University of Adelaide

대학 위치	Adelaide, South Australia	도시인구	130만 명
재학생 수	27,000명	국제학생 수	7,900명
메인 캠퍼스	North Terrace	의과대학 캠퍼스	North Terrace
학업 기간	3+3년	연간 학비	$89,500 (2024년 기준, 인상될 수 있음)
학기 시작	2월	유학생 입학정원	30명

University of Adelaide 의대는 135년이 넘는 세계 최고 수준의 보건 교육 및 연구의 풍부한 역사를 가지고 있다. 이 기간 동안 24명의 로즈 장학생(health-focused Rhodes Scholars)을 배출했으며, 4명의 노벨상 수상자를 배출했다. 여기에는 페니실린 개발에 기여하여 전 세계 수억 명의 생명을 구한 하워드 플로리(Howard Florey)가 포함되어 있다.

- ■ 과정명
  - Bachelor of Medical Studies and Doctor of Medicine

- ■ 지원 자격
  - ・고등학교 졸업 :

성적	IB 34, SAT 1410(+US high school diploma), CSAT 355(+HSD), A-level 13

성적 IB 34, SAT 1410(+US high school diploma), CSAT 355(+HSD), A-level 13

GPA 5.0/7.0 이상

※ 대학 성적의 경우 본교의 과정만 인정(타 대학 및 외국대학 인정 불가)

선수과목 화학, 수학, 생물 중 1과목

입학시험 UCAT 최소점수 기준 없음

인터뷰 Panel Interview

영어 IELTS 7.0(7.0)

TOEFL 100(R,L 25 / W 27 / S 23)

PTE 72(72)

• 심사 배점 : (다음과 같은 가중치로 세 가지 요소의 점수를 합산하여 입학제안서가 발행된다.)

성적 3순위: 최소조건 충족 및 최종 순위를 구분하기 위한 수단

입학시험 2순위

인터뷰 1순위

■ 실습 의료기관

− Adelaide Medical School Clinical School: Located at hospitals and healthcare facilities in Adelaide, South Australia, this clinical school offers medical students opportunities for clinical training in a wide range of specialties, including general medicine, surgery, obstetrics and gynecology, pediatrics, psychiatry, and more.

− Rural Clinical School(RCS): The Rural Clinical School program offers medical students placements in rural and regional areas of South Australia, providing opportunities for clinical training in primary care, community health, and rural medicine. The RCS aims to address the shortage of healthcare professionals in rural and remote regions by exposing students to the unique challenges and rewards of rural healthcare delivery.

— South Australian Dental School Clinical School: Affiliated with the South
Australian Dental Service, this clinical school provides dental students with
practical training and experience in dental clinics and hospitals in Adelaide and
surrounding regions.

Royal Adelaide Hospital, The Queen Elizabeth Hospital, Lyell McEwin Hospital,
Modbury Hospital and other metropolitan hospital, Rural placements across
South Australia

② Flinders University

대학 위치	Adelaide, South Australia	도시인구	140만 명
재학생 수	26,100명	국제학생 수	5,100명
메인 캠퍼스	Bedford Park	의과대학 캠퍼스	Bedford Park
학업 기간	4년(의전원)/2+4년(학·석사 통합)	연간 학비	$78,200 (의전원) $44,100 (학·석사 통합) (2023년 기준, 인상될 수 있음)
학기 시작	2월	유학생 입학정원	20명 (의전원) 30명 (학·석사 통합)

플린더스대학교(Flinders University)는 의학교육의 선두주자로 인정받고 있는데, 전

세계 대학에서 플린더스대학교의 의학 커리큘럼을 채택할 정도이다. 이 대학은 베드포드파크(Bedford Park)에 있는 플린더스 메디컬센터와 함께 위치하고 있어 학생들이 조기에 환자와 접촉하고 실제 환자와 교류하며 치료할 수 있는 기회를 제공하며, 학생들은 졸업과 동시에 병원 인턴십을 위한 취업 준비를 갖추게 된다.

의학박사 프로그램은 학생 참여도, 학습 리소스 및 교육 품질에 대해 의학 분야에서 별 다섯 개를 받았다.

■ 과정명
　– Doctor of Medicine
　– Bachelor of Clinical Sciences, Doctor of Medicine

■ 지원 자격
・대학 졸업 이상 :

성적　　　　최소 GPA 5.5/7.0 이상(Weighted Grade Point Average: 마지막 3년 성적을 기준으로 하며 마지막 학년×3, 3학년×2, 2학년×1 가중치로 성적 계산)

입학시험　　MCAT 각 영역 123점 이상 또는 GAMSAT 각 영역 50 이상

인터뷰　　　Panel Interview

영어　　　　IELTS 7.0(7.0)

　　　　　　TOEFL 94(R,L 24 / S 23 / W 27)

　　　　　　PTE 65(65)

・심사 배점 :　정보 미공개

・고등학교 졸업 :

성적　　　　IB 37, SAT 1500, CSAT 알 수 없음, A–level 13

인터뷰　　　Semi–structured Interview

영어   IELTS 7.0(7.0)

     TOEFL 94(R.L 24 / S 23 / W 27)

     PTE 65(65)

본과 진학조건 학사과정 GPA 5.0 이상으로 수료

•심사 배점 :

성적   100% (1차) |

인터뷰 | 100% (최종)

(정원보다 합격자가 많은 경우 성적과 인터뷰 점수를 합산한 순위점수를 기준으로 선발한다.)

■ 실습 의료기관

- Flinders Medical Centre Clinical School: Located at Flinders Medical Centre in Bedford Park, South Australia, this clinical school offers medical students opportunities for clinical training in a wide range of specialties, including general medicine, surgery, obstetrics and gynecology, pediatrics, psychiatry, and more.

- Northern Territory Clinical School: Flinders University has a clinical school based in the Northern Territory, with placements at various hospitals and healthcare facilities in Darwin and other regions. This clinical school provides medical students with exposure to Indigenous health, tropical medicine, and rural healthcare delivery.

- South Australia Rural Clinical School(SARCS): The SARCS program offers medical students placements in rural and remote areas of South Australia, providing opportunities for clinical training in primary care, community health, and rural medicine. SARCS aims to address the shortage of healthcare professionals in rural and remote regions by exposing students to the unique challenges and rewards of rural healthcare delivery.

- Alice Springs Clinical School: Affiliated with Alice Springs Hospital in the Northern Territory, this clinical school provides medical students with clinical training experiences in a regional healthcare setting, with a focus on Indigenous health, remote medicine, and cross-cultural healthcare.

(6) 웨스턴오스트레일리아(Western Australia)주

① University of Western Australia

대학 위치	Perth, Western Australia	도시인구	210만 명
재학생 수	24,500명	국제학생 수	4,500명
메인 캠퍼스	Crawley	의과대학 캠퍼스	Nedlands
학업 기간	4년(의전원)/3＋3년(학·석사 통합)	연간 학비	$89,200 (의전원) $43,600 (학부) (2023년 기준, 인상될 수 있음)
학기 시작	1월	유학생 입학정원	20명 (의전원) 20명 (학·석사 통합)

퍼스에 위치한 서호주대학교(University of Western Australia: UWA)는 연구 집약적인 대학으로 국제적으로 인정받는 호주 8대 대학그룹 중 하나이다. 세계적으로 가장 살기 좋은 도시 중 하나로 선정된 퍼스는 호주에서 가장 햇볕이 잘 드는 도시이며, 지

중해성 기후의 따뜻하고 건조한 여름은 스포츠와 야외 활동을 즐기기에 이상적이다.

1957년에 설립되어 6,000명 이상의 졸업생을 배출한 UWA 의과대학은 서호주에서 가장 오래된 의과대학이기도 하다. UWA 의대 학생들은 1970년대부터 서호주의 네들랜드(Nedlands)에 있는 Queen Elizabeth II hospital Centre(QEIIMC) 부지에서 교육을 받고 있다. 이 부지에는 Sir Charles Gairdner Hospital과 Perth Children's Hospital 이라는 두 개의 주요 공립 병원이 있으며 Lions Eye Institute, Harry Perkins Institute of Medical Research, PathWest, The Perron Institute for Neurological, Telethon Kid's Institute 등 국제적으로 유명한 기관이 자리하고 있다.

■ 과정명
　− Doctor of Medicine
　− Bachelor of Biomedicine(Specialised) + Doctor of Medicine

■ 지원 자격
・대학 졸업 이상 :

성적	최소 GPA 5.5/7.0 이상
입학시험	MCAT 최소 500점(각 영역 124+) (4년 유효) 또는 GAMSAT 최소 55점(각 영역 50+) (2년 유효)
인터뷰	MMI
영어	IELTS 7.0(7.0)

・고등학교 졸업 :

성적	IB 39, SAT 1420, CSAT 366, A−level 15
입학시험	ISAT 각 영역 25% 이상
인터뷰	Panel Interview
영어	IELTS 7.0(7.0)

• 심사 배점 :   (의전원 및 학·석사 통합 과정 동일)

　성적　　　　30%

　입학시험　　20%

　인터뷰　　　50%

■ 실습 의료기관

– Royal Perth Hospital Clinical School: Located at Royal Perth Hospital, this clinical school offers medical students opportunities for clinical training in a wide range of specialties, including general medicine, surgery, obstetrics and gynecology, pediatrics, psychiatry, and more.

– Fiona Stanley Hospital Clinical School: Affiliated with Fiona Stanley Hospital in Murdoch, Western Australia, this clinical school provides medical students with clinical training experiences in a modern tertiary hospital setting, with exposure to specialties such as emergency medicine, cardiology, oncology, and more.

– Sir Charles Gairdner Hospital Clinical School: Based at Sir Charles Gairdner Hospital in Nedlands, Western Australia, this clinical school offers medical students clinical training opportunities in a wide range of specialties, including general medicine, surgery, orthopedics, neurology, and more.

– Rural Clinical School(RCS): The Rural Clinical School program offers medical students placements in rural and regional areas of Western Australia, providing opportunities for clinical training in primary care, community health, and rural medicine. The RCS aims to address the shortage of healthcare professionals in rural and remote regions by exposing students to the unique challenges and rewards of rural healthcare delivery.

Rear Kalgoorlie Regional Hospital (Headquarter), Urban Centre (Perth), Albany Health Campus, Broome Hospital + Kimberley Aboriginal Medical Services.

Other Regional Hospital: Bunbury, Busselton, Carnarvon, Derby, Esperance,

Geraldton, Karratha, Kununurra, Narrogin, Northam, Port Headland, Warren Blackwood Regional Hospital

② Curtin University

대학 위치	Bentley, Western Australia	도시인구	198만 명
재학생 수	60,000명	국제학생 수	6,700명
메인 캠퍼스	Perth	의과대학 캠퍼스	Perth
학업 기간	5년	연간 학비	$88,751 (2024년 기준, 인상될 수 있음)
학기 시작	2월	유학생 입학정원	10명

커틴대학교(Curtin University) 의학과정은 의료계에서 다양한 커리어로 이어질 수 있도록 한다. 생물의학 및 임상과학은 물론이고 1차 진료, 병원 및 노인케어와 같은 환경에서의 의료에 중점을 두고 공부하게 된다. 또한, 원주민 건강, 인구 건강 및 전문성 개발 개념도 공부하게 된다.

커틴대학교는 서호주 의료 시스템과 그 인력이 직면한 복잡한 문제와 더 많은 의사가 '제너럴리스트(Generalist)'가 되어야 할 필요성에 대해 인식하고 있다. 즉, 1차 진료 전문지식, 강력한 리더십 기술, 전문가 간 진료 팀에서 효과적으로 운영할 수 있는 능력을 갖추고 지역사회의 요구를 충족시킬 수 있는 졸업생을 배출하기 위해 노력하고 있다.

■ 과정명
　－ Bachelor of Medicine, Bachelor of Surgery

■ 지원 자격
　·고등학교 졸업 :

성적	IB 37, SAT 기준명시 ×, CSAT 기준명시 ×, A-level 14
	대학 이상 학위 소지자의 경우 완료된 학위에 대한 성적이 심사
	되며 완료되지 않은 과정에 대한 성적은 사용되지 않는다.
	※ 단, 이 대학의 학부 과정에 등록한 경우, 최소 200학점을 수료했고
	weighted average 80 이상의 성적이라면 전과 신청이 가능하다.(상세내용은
	학교 홈페이지 참고)
선수과목	화학
입학시험	UCAT
인터뷰	MMI
영어	IELTS 7.0(7.0)
	TOEFL 99(R,L 24 / S 23 / W 27)
	PTE 65(65)
기타	Casper test

　·심사 배점 :

성적	40%
입학시험	20%
인터뷰	40%

■ 실습 의료기관

Fiona Stanley Hospital

Joondalup Health Campus

King Edward Memorial Hospital

Peel Health Campus

Perth Children's Hospital

Rockingham General Hospital

Royal Perth Hospital

Sir Charles Gairdner Hospital

St John of God Midland Public Hospital

(7) 태즈메이니아(Tasmania)주

Ⅰ University of Tasmania

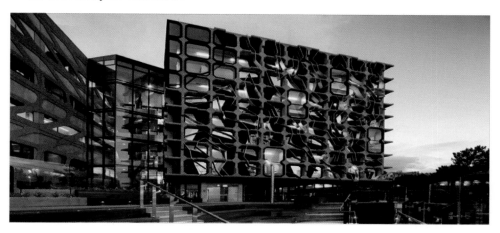

대학 위치	Hobart, Tasmania	도시인구	20만 명
재학생 수	34,000명	국제학생 수	4,900명
메인 캠퍼스	Hobart	의과대학 캠퍼스	Hobart
학업 기간	3+2년	연간 학비	$74,950 (2023년 기준, 인상될 수 있음)
학기 시작	2월	유학생 입학정원	20명

태즈메이니아대학교(University of Tasmania)는 50년 이상 숙련된 졸업생을 배출해 왔다. 이 대학의 의학과정은 태즈메이니아 보건 시스템과 긴밀하게 통합된 풀타임 과정으로 경험이 풍부한 임상의와 보건기관으로부터 교육 지원과 멘토링을 받을 수 있다. 의과대학 학생들은 매우 높은 병원 접근성은 물론, 지역사회를 위한 의료 서비스 제공의 최전선에 있는 1차 진료 환경에 배치될 수 있는 다양한 기회를 얻게 된다.

■ 과정명
　— Bachelor of Medical Science and Doctor of Medicine

■ 지원 자격
　·고등학교 졸업 :

성적	IB 34, SAT 1290, CSAT 357, A-level 13, ATAR 90과 동등
선수과목	화학
입학시험	UCAT 50% 이상 또는 ISAT 170점(각 영역 165점 이상) 또는 MCAT 491점 이상
인터뷰	해당 없음
영어	IELTS 7.0(7.0)
	TOEFL 100(R,L 25 / S 23 / W 27)
	PTE 65(65)

　·심사 배점 :　정보 미공개

■ 실습 의료기관
　— Rural Clinical School(RCS): The Rural Clinical School program offers medical students placements in rural and regional areas of Tasmania, providing opportunities for clinical training in primary care, community health, and rural medicine. The RCS aims to address the shortage of healthcare professionals in

rural and remote regions by exposing students to the unique challenges and rewards of rural healthcare delivery.

- Hobart Clinical School: Located at the Royal Hobart Hospital and other healthcare facilities in Hobart, Tasmania, this clinical school offers medical students opportunities for clinical training in a wide range of specialties, including general medicine, surgery, obstetrics and gynecology, pediatrics, psychiatry, and more.

- Launceston Clinical School: Affiliated with Launceston General Hospital and other healthcare facilities in Launceston, Tasmania, this clinical school provides medical students with clinical training experiences in a regional healthcare setting, with exposure to specialties such as general medicine, surgery, orthopedics, and more.

- North West Regional Hospital Clinical School: Based at North West Regional Hospital in Burnie, Tasmania, this clinical school offers medical students clinical training opportunities in a regional healthcare setting, with exposure to specialties such as general medicine, surgery, obstetrics and gynecology, pediatrics, and more.

CHAPTER 2

호주 치과대학과 치의학전문대학원

호주에서는 6개 대학에서 치의학 학부과정을, 3개 대학원에서 치의학전문대학원 과정을 제공하고 있다. 한국에서 고등학교를 졸업한 경우 수학능력시험 또는 SAT, IB, GCE A-Level 등과 같은 성적으로 지원이 가능하다. 의대와는 달리 대부분의 치대에서는 추가적인 시험이나 인터뷰 등을 요구하지 않기 때문에 성적이 우수할수록 합격 가능성이 높아진다는 것이 호주 치대 입시의 특징이다.

의대와 마찬가지로 치대 정규 과정은 치대와 치전원 두 가지로 구분되며 3년 학부, 4년 치전원 과정을 통합한 학·석사 통합과정으로 지원하는 것도 가능하다. 학·석사 통합과정으로 입학한 경우 학부 졸업 시 평균 65점 이상의 성적만 유지하면 GAMSAT나 MMI 등 추가 시험을 면제받고 치전원으로의 진학이 보장된다.

단, 호주 치대 또는 치전원 학·석사 통합과정은 성적만으로 선발할 뿐만 아니라 선발 인원이 의대와 타 학과들에 비해 현저히 적으므로 경쟁률이 매우 높다.

01 호주 치대 학위 구성

호주의 치대 학위는 학부과정인 치과대학과 대학원 과정인 치의학전문대학원으로 구분되어 있고, 입학전형은 다음과 같이 크게 세 가지로 나누어진다. 지원자의 최종 학력과 학교별 전형 기준에 따라 입학을 준비하게 된다.

치과대학	5년 학부과정	고등학교 졸업자 또는 대학 재학 중이거나 졸업한 경우도 지원 가능한 전형
치의학전문대학원	4년 석사과정	치전원 과정으로 대학을 졸업한 경우 지원 가능 일반적으로 학점+MCAT/DAT/CDAT+인터뷰 합산점수로 선발
	3년(학사)+4년(석사) 통합과정	우수한 성적을 보유한 지원자를 대상으로 하는 일반 학사와 치전원 통합과정

02 호주 치대 입학전형

(1) 학부과정(Undergraduate Degree) – 치과대학

의대 학부과정은 고등학교를 갓 졸업한 경우에만 지원이 가능한 학교와 그렇지 않은 학교들로 구분되지만, 치대는 고등학교 졸업자 뿐만 아니라 대학 재학, 자퇴, 졸업한 경우도 지원이 가능하다. 이때 성적은 최종학위가 기준이 된다.

입학 대상	• 한국 고등학교 졸업자(CSAT–한국 수학능력 시험) • 국제 고등학교 졸업자(SAT, IB, A–level, BC, OSSD 등 국제 공인 시험) • 대학교 1년 이상 재학, 자퇴 또는 졸업자
학업 기간	• 5년
입학 기준	• 성적기준(최종 학력 성적 기준) • 공인 영어 성적 제출 • 학교별로 선수과목 또는 statement와 추천서 제출(일부 대학) 또는 인터뷰 • 애들레이드 대학교, 퀸즐랜드 대학교 UCAT 제출
특이점	• 학교마다 전형은 비슷하나 제출 서류에 차이가 있고, 매년 입학원서 마감 날짜가 정해져 있는 경우가 많으므로 마감 날짜를 반드시 확인해야 한다.

(2) 치의학전문대학원(Postgraduate degree)

대학교 학사 이상 학위가 있는 경우 지원 가능한 과정으로 한국 의학전문대학원과 유사한 입학전형이다. 한국 등 전 세계 어디서든 학사 학위(전공 무관)를 소지한 경우 지원이 가능하며 최종 학력과 더불어 GAMSAT, MCAT, DAT, CDAT와 같은 치대 입학시험과 인터뷰를 통해 선발심사가 진행된다.

입학 대상	• 한국을 비롯한 전 세계 4년제 대학 졸업자(학사 학위 소지자)
학업 기간	• 4년
입학 기준	• 대학교 GPA • GAMSAT 또는 MACT • Interview or Oral Assessment
특이점	• 학교마다 전형을 살펴야 한다. GAMSAT이 없는 학교 또는 GAMSAT만 받아주는 학교가 있고 Interview가 면제되거나, 성적과 Statement만으로 선발하는 학교도 있다.

(3) 학부＋치전원(Provisional Entry Program)

고등학교 졸업자 중 성적이 우수한 학생들을 대상으로 학사와 치의학전문대학원 입학을 함께 보장해 주는 과정으로 'Provisional Entry Program' 또는 'Double Degree Program'이라고도 불린다. 이 과정은 치의학전문대학원 입학정원 중 10~15% 정도만 선발하기 때문에 치대 학부과정보다 입학 기준이 높다. 학교에 따라서는 학부 성적 만으로 치전원 진학을 보장해 주며 GAMSAT이나 인터뷰 등이 면제된다. 호주 G8에 속하는 시드니대학교, 멜버른대학교, 서호주대학교에서만 제공하는 과정이다.

입학 대상	고등학교 졸업자 중 성적우수자

학업 기간	• University of Sydney − 7년
	  Bachelor of Science & Doctor of Dental Medicine
	• University of Melbourne − 7년
	  Bachelor of Biomedicine (or Science)＋Doctor of Dental Surgery
	• University of Western Australia − 6년
	  Bachelor of Biomedicine＋Doctor of Dental Medicine

입학 기준	• 고등학교 성적(우수한 성적순으로 선발) • ISAT 또는 UCAT • Interview
특이점	• 이 과정은 학부(전공 선택 가능)와 치전원 입학을 동시에 보장해 주는 Package program으로 학부 입학 후 졸업 전까지 학점을 일정 수준 이상 유지하는 것을 조건으로 치전원 진학이 보장된다. • 선발인원 University of Sydney 10~13명 University of Melbourne 10명 내외 University of Western Australia 5명

(4) 호주 치대 목록(치대/치전원)

학위	No.	대학	지역
Undergraduate Degree	1	Griffith University	Gold Coast, Queensland
	2	James Cook University	Cairns, Queensland
	3	University of Queensland	Brisbane, Queensland
	4	La Trobe University	Bendigo, Victoria
	5	University of Adelaide	Adelaide, South Australia
	6	Charles Sturt University	Orange, NSW
Postgraduate Degree	7	University of Melbourne	Melbourne, Victoria
	8	University of Western Australia	Perth, Western Australia
	9	University of Sydney	Sydney, NSW

03 대학별 입학 기준

(1) 학부과정

지역	대학	기간	ATAR(lowest/minimum)	UCAT	Statement	Interview
QLD	Griffith University	5	기준 없음	●		●
	Jams Cook University	5	기준 없음		●	
	University of Queensland	5	99	●		
VIC	La Trobe University	5	99.75			
SA	University of Adelaide	5	90	●		●
NSW	Charles Sturt University	5	90			●

(2) 학부＋치전원 입학 보장 프로그램 – Provisional Entry Program

지역	대학	기간	ATAR	ISAT	UCAT	Interview	Others
NSW	University of Sydney	7	99.60	–	–	●	
VIC	University of Melbourne	7	99.85	–	–	●	멜버른대 재학생 대상 학과
WA	UWA	6	98.00	●	–	●	

(3) 치전원 과정

지역	대학	기간	GPA	GAMSAT	MCAT	DAT/CDAT	Interview
NSW	University of Sydney	4	5.0/7.0 (학위수료 10년 이내)	●	●	●	
VIC	University of Melbourne	4	정해진 기준 점수 없음 (학위수료 10년 이내)	●	●	●	
WA	UWA	4	5.5/7.0 (학위수료 10년 이내)	●	●	●	●

04 치과대학 소개

Ⅰ University of Sydney

대학 위치	Sydney, New South Wales	도시인구	600만 명
재학생 수	73,000명	국제학생 수	10,600명
메인 캠퍼스	Camperdown/Darlington	치과대학 캠퍼스	Surry Hills & Camperdown
학업 기간	4년(치전원)/3＋4년(학·석사 통합)	연간 학비	$86,500 (2023년 기준, 인상될 수 있음)
학기 시작	1월	유학생 입학정원	45명 (총 80명)

100년 이상의 역사 동안 시드니대학교(University of Sydney) 치과대학은 치과 및 구강 건강 분야의 교육과 훈련을 제공하며, 우수한 졸업자를 양성하고 현실 세계에 영향을 미치는 연구를 수행하고 있다. 이 학부는 호주의 치과대학 중에서도 가

장 큰 규모로, 시드니 치과병원(SDH)과 Surry Hills의 Westmead Centre for Oral Health(WCOH) 병원 내에 위치하고 있다.

치의학 박사과정은 북미 치의학대학원 모델의 균형 잡힌 과정 구조를 준수하도록 의도적으로 설계되었지만, 이 대학교가 명성을 얻게 된 정교한 임상교육을 유지하여 학생들에게 지역사회에서 실험실에 이르기까지 치아 건강에 대한 적용 가능한 지식을 제공한다.

■ 과정명
  - Doctor of Dental Medicine
  - Bachelor of Science or Arts + Doctor of Dental Medicine

■ 지원 자격
  •대학교 졸업 :

성적	GPA 5.0/7.0 대학 졸업 10년 이내
선수과목	해당 없음
입학시험	GAMSAT 각 영역 50 이상 또는 DAT/CDAT 각 영역 15 이상
인터뷰	해당 없음
영어	IELTS 7.0(7.0)
	TOEFL 94(R,L 24 / S 23 / W 27)
	PTE 65(65)

  •고등학교 졸업 :

성적	IB 44, SAT 1510, CSAT 385, A-level 24(best4 A2 level)
선수과목	해당 없음(호주 내에서 공부한 경우 mathematics)
입학시험	해당 없음
인터뷰	online assessment
영어	IELTS 7.0(7.0)

TOEFL 94(R,L 24 / S 23 / W 27)

PTE 65(65)

•심사 배점 :　정보 미공개

2 University of Melbourne

대학 위치	Melbourne, Victoria	도시인구	500만 명
재학생 수	54,000명	국제학생 수	23,760명
메인 캠퍼스	Parkville(Melbourne)	치과대학 캠퍼스	$97,536 (2024년 기준, 인상될 수 있음)
학업 기간	4년	연간 학비	$86,500 (2023년 기준, 인상될 수 있음)
학기 시작	1월	유학생 입학정원	유학생 및 자국학생 합계 96명

멜버른에 위치한 멜버른대학교(University of Melbourne)의 치과대학은 구강 건강, 최첨단 기술 및 국제 협력의 최전선에 있는 고급 학습 환경이다. 4년제 치의학 박사(DDS) 프로그램은 전 세계 유수 대학에서 연구 경험을 쌓은 우수한 학자들이 진행한다. 이 프로그램은 치과의 모든 전문 분야에서 임상 전 실습수업과 임상 환자 치료에 중점을 두고 있으며, 출판을 위한 소규모 연구 프로젝트를 준비, 개발, 실행 및 작성하는 방법을 가르친다.

멜버른대학교 치대 학생은 100석 규모의 전임상 실험실과 최신 기술 및 학습 인프라를 갖춘 새로운 멜버른대학교의 치과 클리닉을 이용할 수 있다. DDS 과정 수료 후 호주와 뉴질랜드의 치과진료위원회에 등록하여 일반 치과의사로 활동할 수 있다.

■ 과정명
- Doctor of Dental Surgery

■ 지원 자격
·대학교 졸업 :

성적	GPA 최소점수 기준 없음
	대학 졸업 10년 이내(Weighted Grade Point Average: 마지막 3년 성적을 기준으로 하며 마지막 학년×2, 3학년×2, 2학년×1 가중치로 성적 계산)
	대학원 과정을 공부했더라도, 학사학위 성적만 심사에 반영된다.(가장 최근의 학사학위 결과는 이후의 대학원 과정을 마치는 것과 관계없이 GPA를 계산하는 목적으로 사용된다.)
선수과목	Anatomy, Biochemistry, Physics at second year level
입학시험	GAMSAT/UK GAMSAT 또는 DAT/CDAT 또는 BMAT
	(지원시점에 호주 내 거주 중인 지원자의 경우 반드시 GAMSAT를 응시해야 한다.)
인터뷰	해당 없음(2025년 입시부터 적용될 예정)
영어	IELTS 7.0(7.0)
	TOEFL 94(R,L 13 / S 18 / W 27)
	PTE 65(65, 나머지 영역 50 이상)

·심사 배점 :

성적	50%
입학시험	50%

③ University of Queensland

대학 위치	Brisbane, Queensland	도시인구	250만 명
재학생 수	55,044명	국제학생 수	21,000명
메인 캠퍼스	St Lucia	치과대학 캠퍼스	Herston
학업 기간	5년	연간 학비	$83,654 (2023년 기준, 인상될 수 있음)
학기 시작	2월	유학생 입학정원	40명 (총 40명)

퀸즐랜드대학교(University of Queensland: UQ) 치과대학은 최첨단 치과 교육을 제공하고 독립적으로 '세계적 수준 이상'으로 평가된 치과 연구에 대한 기여로 국내 및 국제적으로 인정받고 있다. 치과대학은 브리즈번의 UQ Herston 캠퍼스에 위치한 UQ 구강보건센터(UQOHC) 내에 있으며, UQ 임상연구센터(UQCCR), 로열 브리즈번 여성 병원(Royal Brisbane and Women's Hospital)이 함께 위치해 있다.

UQ 구강보건센터는 호주에서 가장 크고 가장 진보된 3차 구강보건 시설로 연구, 교육, 훈련 및 환자 치료에 대한 전문 지식이 결합된 곳이다. 교육 시설에는 임상 시뮬레이션 구역, 전임상 실험실, 강의실/세미나실, 연구실 등이 있다.

■ 과정명
- Bachelor of Dental Science(Honours)

■ 지원 자격

·고등학교 졸업 :

성적	IB 42, SAT 1460, CSAT 381, A-level 15
선수과목	Chemistry
입학시험	UCAT
인터뷰	해당 없음
영어	IELTS 7.0(7.0)
	TOEFL 100(R,L 25 / S 23 / W 27)
	PTE 72(72)

·심사 배점 : 정보 미공개

4 Griffith University

대학 위치	Gold Coast, Queensland	도시인구	63만 명
재학생 수	55,000명	국제학생 수	8,500명
메인 캠퍼스	Gold Coast	치과대학 캠퍼스	Gold Coast
학업 기간	3년+2년	연간 학비	$65,000(학사) $88,500(석사) (2023년 기준, 인상될 수 있음)
학기 시작	2월	유학생 입학정원	약 25명 (총 100명)

그리핀스대학교(Griffith University)는 유학생을 위한 서비스와 지원 분야에서 수상 경력을 가지고 있다. 3억 2천만 달러 이상이 투자된 캠퍼스는 학생들에게 흥미로운 학업 환경과 혁신적인 학습 경험을 제공한다.

이 학교 치대 학생은 골드코스트 캠퍼스에 있는 1억 5천만 달러 규모의 신축 그리핀스 보건센터에서 세계 최고 수준의 시설을 이용할 수 있다. 여기에는 96개의 의자를 갖춘 치과 진료소, 상업용 치과 및 임상기술 실험실, 고급 IT 및 연구 시설이 포함되어 있다.

■ 과정명
  - Bachelor of Dental Health Science & Master of Dentistry

■ 지원 자격
  •고등학교 졸업 :

성적	IB 39, SAT 1420, CSAT 373, A−level 16
선수과목	해당 없음
입학시험	2025년 입학부터 UCAT 조건 첫 도입
인터뷰	2025년 입학부터 인터뷰 심사 첫 도입
영어	IELTS 7.0(7.0)
	TOEFL 94(R,L 24 / S 23 / W 27)
	PTE 65(65)

  •심사 배점 :   정보 미공개

5 University of Adelaide

대학 위치	Adelaide, South Australia	도시인구	130만 명
재학생 수	27,000명	국제학생 수	7,900명
메인 캠퍼스	North Terrace	치과대학 캠퍼스	North Terrace
학업 기간	5년	연간 학비	$94,00 (2024년 기준, 인상될 수 있음)
학기 시작	2월	유학생 입학정원	37명

애들레이드대학교(University of Adelaide)의 의대는 135년이 넘는 세계 최고 수준의 보건 교육 및 연구의 풍부한 역사를 가지고 있다. 이 기간 동안 24명의 로즈 장학생(health-focused Rhodes Scholars)을 배출했으며, 4명의 노벨상 수상자를 배출했다. 여기에는 페니실린 개발에 기여하여 전 세계 수억 명의 생명을 구한 하워드 플로리(Howard Florey)가 포함되어 있다.

■ 과정명
- Bachelor of Dental Surgery

■ 지원 자격
·고등학교 졸업 :

성적   IB 34, SAT 1280, CSAT 355, A-level 13

선수과목	Chemistry, Mathematics, Physics 중 1과목
	Biology, Chemistry, Geology or Physics 중 1과목
입학시험	UCAT
인터뷰	Panel Interview
영어	IELTS 7.0(7.0)
	TOEFL 94(R,L 24 / S 23 / W 27)
	PTE 65(65)

•심사 배점 : 정보 미공개

⑥ University of Western Australia

대학 위치	Perth, Western Australia	도시인구	210만 명
재학생 수	24,500명	국제학생 수	4,500명
메인 캠퍼스	Crawley	치과대학 캠퍼스	Nedlands
학업 기간	4년	연간 학비	$89,200 (2024년 기준, 인상될 수 있음)
학기 시작	1월	유학생 입학정원	20명 (총 50명)

서호주대학교(University of Western Australia: UWA) 치과대학은 가능한 한 학생 중심의 접근방식에 초점을 맞춘 교육 및 학습 방법을 지향한다. 학생들은 문제기반 임상

상황, 컴퓨터 활동, 강의 및 자기주도적 학습 프로그램을 통해 광범위한 지식 기반, 다방면의 경험, 비판적으로 사고하고 지식을 적용하여 문제를 해결하는 능력을 개발한다.

UWA 치대 학생은 네드랜즈(Nedlands)의 QEII 메디컬센터 캠퍼스에 위치한 첨단 치과교육 병원이자 학습 시설인 서호주 구강보건센터(Oral Health Centre of Western Australia)에서 활동하게 된다. UWA 치과대학은 최첨단 디지털 방사선실을 갖추고 있다. 중앙집중식 생산 실습실에는 컴퓨터 지원 설계(CAD)/컴퓨터 지원 제조(CAM) 시설이 완비되어 있으며, 가상학습센터(VLC)에는 학생들이 CAD/CAM 설계를 수행할 수 있는 전용 고사양 컴퓨터가 마련되어 있다. VLC에는 모든 기능을 갖춘 디지털 방사선 및 가상 현미경 시설이 있다.

■ 과정명
- Doctor of Dental Medicine
- Bachelor of Biomedical Science, Arts, Commerce or Science + Doctor of Dental Medicine

■ 지원 자격
·대학교 졸업 :

성적	GPA 5.5/7.0 대학 졸업
선수과목	해당 없음
입학시험	GAMSAT 55(각 영역 50 이상) 또는 MCAT 500(각 영역 124 이상) 또는 DAT/CDAT(점수기준 명시 ×)
인터뷰	Panel Interview
영어	IELTS 7.0(7.0) ※ TOEFL, PTE 해당 없음

·고등학교 졸업 :

성적	IB 38, SAT 1420, CSAT 366, A-level 15

선수과목	해당 없음
입학시험	ISAT 각 영역 25th percentile 이상
인터뷰	Panel Interview
영어	IELTS 7.0(7.0) ※ TOEFL, PTE 해당 없음

•심사 배점 : (치전원, 학·석사 통합과정 동일)

성적	30%
입학시험	20%
인터뷰	50%

7 James Cook University

대학 위치	Townsville or Cairns, Queensland	도시인구	19만 4,000명
재학생 수	22,000명	국제학생 수	6,640명
메인 캠퍼스	Townsville	치과대학 캠퍼스	Cairns
학업 기간	5년	연간 학비	$71,960 (2023년 기준, 인상될 수 있음)
학기 시작	2월	유학생 입학정원	15명 (총 80명)

제임스쿡대학교(James Cook University: JCU) 치과대학은 유능한 치과의사가 되기 위

해 필요한 지식과 기술을 제공하는 5년제 학사학위인 치의학 학사(BDS) 프로그램을 제공한다. 이 치과 프로그램은 특히 호주의 시골, 외딴 지역 및 열대 지역에 거주하는 사람들에게 향상된 구강건강 관리 서비스를 제공하는 것을 목표로 하며, 커리큘럼은 기초 과학과 치과 임상과학 및 예방적 구강건강 전략을 통합하고 있다.

JCU 치과대학은 호주에서 수도 외곽에 위치한 단 세 곳의 학교 중 하나이다. JCU 치과대학은 연방 정부로부터 5,250만 달러의 보조금을 지원받았으며, 80석 규모의 치과 시뮬레이션 실험실, 보철 및 과학 실험실, 학생 홈 그룹실 등 최첨단 시설을 갖춘 새로운 건물이 JCU 스미스필드(케언즈) 캠퍼스에 설립되었다.

JCU BDS는 정규직 취업률 호주 1위, 졸업생 평균 연봉 호주 1위(10만 5천 달러), 학습 자원 및 학생 지원 부문 퀸즐랜드 1위(Good Universities Guide 2021)를 차지했다.

■ 과정명
 － Bachelor of Dental Surgery

■ 지원 자격
 ·고등학교 졸업 :

성적	IB 39, SAT 1420, CSAT 373, A-level 16
선수과목	Mathematical Methods, Chemistry
입학시험	해당 없음
인터뷰	해당 없음
영어	IELTS 7.0(3개 영역 7.0 이상, 1개 영역 6.5 이상)
	TOEFL 94(R,L 24 / S 23 / W 27)
	PTE 65(3개 영역 65 이상, 1개 영역 58 이상)
기타	Written application form

 ·심사 배점 :

성적	100% + written application form

8 Charles Sturt University

대학 위치	Orange, NSW	도시인구	3만 8,000명
재학생 수	42,300명	국제학생 수	140명
메인 캠퍼스	Orange	치과대학 캠퍼스	Orange
학업 기간	5년	연간 학비	$67,040 (2023년 기준, 인상될 수 있음)
학기 시작	2월	유학생 입학정원	10명

찰스스터트대학교(Charles Sturt University: CSU)에서 공부하면 최신 장비와 기술을 활용하며 직장에서 필요로 하는 기술을 쌓을 수 있다. CSU의 강의는 다른 대학보다 규모가 작기 때문에 교수진과 밀접한 시간을 더 많이 가질 수 있고, 무엇보다 더 많은 지원을 기대할 수 있다.

CSU 치의학 및 보건과학 대학은 2008년에 설립되었으며 치의학, 구강 건강 치료 및 의료 방사선 과학 분야에는 CSU의 풍부한 건강 전문교육 역사가 결합되어 있다. CSU의 오렌지 캠퍼스에서 풀타임으로 제공되는 치의학 학사학위는 치과의사로서의 경력을 준비할 수 있도록 업계와 긴밀히 협력하여 개발된 5년제 치의학 학부학위이다.

■ 과정명

– Bachelor of Dental Science

■ 지원 자격

·고등학교 졸업 :

성적	GPA 환산기준 6.0/7.0, A-level 16
선수과목	해당 없음
입학시험	해당 없음
인터뷰	Panel Interview
영어	IELTS 7.0(6.5)
	TOEFL 94(R 19 / L,S 20 / W 24)
	PTE 66(56)

·심사 배점 : 정보 미공개

⑨ La Trobe University

대학 위치	Melbourne, Victoria	도시인구	500만 명
재학생 수	36,000명	국제학생 수	7,000명
메인 캠퍼스	Melbourne (Bundoora, suburb of Melbourne)	치과대학 캠퍼스	Bendigo
학업 기간	5년	연간 학비	$74,600 (2024년 기준, 인상될 수 있음)
학기 시작	2월	유학생 입학정원	6명

라트로브대학교(La Trobe University)의 특수목적 보건 시설은 학생들에게 현대적이고 인터랙티브한 학습 경험을 제공하고 대학 연구자들의 획기적인 연구를 지원한다.

이 학교의 임상학습 환경은 이론을 현실적이고 안전한 공간에서 실제로 적용할 수 있도록 돕는다. 전용 시설을 통해 의료 전문가로서 필수적인 임상경험과 비판적 사고능력을 개발할 수 있다. 라트로브대학교의 세계 수준의 시설에서 얻는 이 경험은 대학의 산업 파트너와 협력하여 임상배치를 위한 직장적응 능력을 갖출 수 있게 한다.

■ 과정명

- Bachelor of Dental Science(Honours)

■ 지원 자격

·고등학교 졸업 :

성적	IB 33, US(High School Diploma GPA 3.7/4.0), Korea(High School Certificate GPA 90%)
	A-level 정보 없음
선수과목	Biology, Chemistry
입학시험	해당 없음
인터뷰	해당 없음
영어	IELTS 7.0(7.0) ※ TOEFL, PTE 해당 없음

·심사 배점 :

성적	100%

CHAPTER 3

호주 수의과대학

    호주 내 수의대는 총 7개 대학이 있으며, 수의대 학부 5년 과정으로 운영되거나 수의과대학원 4년 과정 또는 학부＋석사 통합과정 등 대학에 따라 다른 학위 과정으로 운영되고 있다.

    유학생 신분으로 외국에서 공부할 때 가장 중요한 부분 중 하나는 공부할 과정의 자격인정(professional recognition) 여부이다. 한국은 외국의 수의학과를 졸업하고 한국에서 수의사 국가시험에 응시할 수 있는 자격을 아래와 같이 규정하고 있다.

농림축산식품부고시 제2022-18호
수의사국가시험 응시자격 관련 외국대학 인정 기준

제1조(목적) 이 고시는 「수의사법」 제9조제1항제2호에 따라 해당 대학의 졸업생이 수의사국가시험에 응시할 수 있는 외국대학의 인정기준과 확인절차 등을 정함을 목적으로 한다.

제2조(외국대학 인정기준) 외국의 수의과대학(수의학과가 설치된 대학의 수의학과를 포함하며, 이하 "외국대학"이라 한다)을 졸업하고 그 국가의 수의사면허를 받은 자는 그 대학이 다음 각 호의 어느 하나에 해당하는 경우에 한하여 수의사국가시험에 응시할 수 있다.

  1. 국제적인 수의과대학 인증기구로부터 인증을 받은 대학. 이 경우 국제적인 수의과대학 인증기구는 다음 각목과 같다.

    가. AVMA(American Veterinary Medical Association)

    나. EAEVE(European Association of Establishments for Veterinary Education)

    다. RCVS(Royal College of Veterinary Surgeons)

  2. 수업 연한이 5년 이상인 대학으로서 졸업에 필요한 전공과목 최저 이수학점이 160학점 이상인 대학

이에 따라 7개의 수의학과가 있는 대학 중에서도 미국수의사협회(AVMA: American Veterinary Medical Association)에 인증되어 있는 대학으로 지원을 준비하는 것이 일반적이며, 미국수의사협회 인증 프로그램들은 졸업 후 한국 수의사 및 국가고시 응시 자격요건이 충족된다.

미국수의사협회 인증은 되어 있지 않더라도 영국수의사협회(RCVS: Royal College of Veterinary Surgeons)에 인증되어 있다면 마찬가지로 한국 수의사 국가고시 자격요건이 충족되며 호주의 모든 수의학과는 RCVS 인증을 받았다.

01 호주 수의대 목록과 자격 인증 현황

학위	No.	대학	지역	자격 인증		
				AVBC*	AVMA**	RCVS***
Undergraduate Degree	1	University of Queensland	Brisbane, Queensland	●	●	●
	2	James Cook University	Townsville, Queensland	●		●
	3	Charles Sturt University	Wagga Wagga, NSW	●		●
Postgraduate Degree	4	University of Adelaide	Adelaide, South Australia	●		●
	5	Murdoch University	Perth, Western Australia	●	●	●
	6	University of Sydney	Sydney, NSW	●		●
	7	University of Melbourne	Melbourne, Victoria	●	●	●

* AVBC: Australasian Veterinary Boards Council
** AVMA: American Veterinary Medical Association
*** RCVS: Royal College of Veterinary Surgeons

02 호주 수의대 학위 구성

수의과대학	5~6년 학부 과정	• 고등학교 졸업자 또는 대학 재학 중이거나 졸업한 경우도 지원 가능한 전형
수의과대학원	4년 석사 과정	• 대학을 졸업한 경우 지원 가능 • 전문적인 동물(수의학) 관련 경험을 필요로 한다.
	학·석사 통합과정	• 우수한 성적을 보유한 지원자를 대상으로 하는 학·석사 통합과정

호주 수의대 입학전형

(1) 학부과정(Undergraduate Degree) – 수의과대학

입학 대상	• 한국 고등학교 졸업자(CSAT–한국 수학능력시험) • 국제 고등학교 졸업자(SAT, IB, A-level, BC, OSSD 등 국제 공인 시험) • 대학교 1년 이상 재학, 자퇴 또는 졸업자
학업 기간	• 5~6년
입학 기준	• 성적 기준(최종 학력 성적 기준) • 공인 영어 성적 제출 • 입학시험(Casper Test) • 동물 관련 경력기술서 및 자기소개서
특이점	• 학교마다 요구하는 동물 관련 경력기간과 제출서류가 다르므로 지원희망 대학에 따라 준비해야 한다.

(2) 수의과대학원(Postgraduate degree)

입학 대상	• 한국을 비롯한 전 세계 4년제 대학 졸업자(학사학위 소지자)
학업 기간	• 4년
입학 기준	• 대학교 GPA • 공인 영어 성적 제출 • 선수과목 조건 충족 • 입학시험(Casper Test) • 동물 관련 경력기술서 및 자기소개서 • Interview
특이점	• 호주 내 수의전은 멜버른대학교와 시드니대학교 두 곳이 유일하다.

(3) 학부+수의과대학원 통합과정

입학 대상	• 고등학교 졸업자 중 성적우수자
학업 기간	• 5~6년
입학 기준	• 고등학교 성적(우수한 성적순으로 선발) • 공인 영어 성적 제출 • 동물 관련 경력기술서 및 자기소개서 • 입학시험(Casper Test) • Interview
특이점	• 머독 대학교와 애들레이드 대학교는 학부+수의전 통합과정으로만 운영하고 있다.

(1) 학부 과정

지역	대학	기간	ATAR (lowest/minimum)	동물 경험	Casper Test (SJT)	Statement	Interview
QLD	University of Queensland	5	94		●		
	James Cook University	5	기준 없음	●		●	
NSW	Charles Sturt University	6	90	●		●	●

(2) 학부＋수의과대학원 통합 과정

지역	대학	기간	ATAR (lowest/minimum)	동물 경험	Casper Test (SJT)	Statement	Interview
NSW	University of Sydney	6	94	●	●	●	
WA	Murdoch University	5	98	●	●	●	
SA	University of Adelaide	6	90	●	●	●	●

(3) 수의과대학원 과정

지역	대학	기간	GPA	동물 경험	Casper Test (SJT)	Statement	Interview
NSW	University of Sydney	4	5.0/7.0	●	●	●	
VIC	University of Melbourne	4	5.6/7.0	●	●	●	●

Ⅰ University of Sydney

대학 위치	Sydney, NSW	도시인구	600만 명
재학생 수	73,000명	국제학생 수	10,600명
메인 캠퍼스	Camperdown/Darlington	수의과대학 캠퍼스	Camperdown & Camden
학업 기간	4년(대학원)/6년(학·석사 통합)	연간 학비	$72,000 (대학원) $58,500 (학사) (2023년 기준, 인상될 수 있음)
학기 시작	2월	유학생 입학정원	대학원: 약 35명 (총 140명) 학·석사 통합: 약 40명

시드니대학교(University of Sydney)의 수의과대학은 호주 최고의 수의과대학으로 평가되고 있다(2023년 QS 세계대학 학과별 순위: 수의학). 교수진은 동물 보호 및 복지 분야에서 전 세계적으로 핵심적인 인물로 인정받고 있으며 국제적으로 교육을 선도하고 있다.

이곳에서 학생들은 One Health 프레임워크에서 공부하게 되고 이를 통해 지역, 국가 및 세계적 수준에서 수의학, 인체 의학 및 환경 간의 연관성을 이해할 수 있게 된다. 이 프로그램의 마지막 해는 Capstone experience year로 이 기간 동안 시드니와 캠든의 대학병원과 다양한 지역에서 인턴으로서 실무경험을 쌓을 수 있다.

시드니대학교에는 시드니 대학병원, 캠든 대학병원, 조류·파충류 및 이색 애완동물 병원 등 세 곳의 수의학 대학병원이 있다. 이곳에서 반려동물, 야생동물, 가축 및 말의 치료를 위한 최신 기술과 세계적 수준의 임상 서비스를 제공하며, 해당 대학교의 교수진과 교육프로그램은 품질과 효과성을 인정받고 있다.

시드니시에 위치한 Camperdown 캠퍼스와 시드니시에서 차로 약 1시간 30분 거리의 Camden 캠퍼스를 오가며 수업이 진행된다.

■ 과정명
- Doctor of Veterinary Medicine
- Bachelor of Veterinary Biology(2년) + Doctor of Veterinary Medicine(4년)

■ 지원 자격
•대학교 졸업 :

성적	GPA 5.0/7.0
선수과목	화학, 유기화학, 생물, 생화학
영어	IELTS 7.0(7.0)
	TOEFL 96 (R,L,S 23 / W 25)
	PTE 68(68)
인터뷰	해당 없음

•고등학교 졸업 :

성적	IB 36, SAT 1330, CSAT 366, A-level 16/17(3과목/4과목)
선수과목	해당 없음
영어	IELTS 7.0(7.0)
	TOEFL 96(R,L,S 23 / W 25)
	PTE 68(68)
인터뷰	해당 없음

•동물경험 및 입학시험 :

동물경험	필요
입학시험	Casper test
기타	(학·석사 통합)commitment to Veterinary Science form 제출
	(석사)Admissions Statement for Doctor of Veterinary Medicine 제출

② University of Melbourne

대학 위치	Melbourne, Victoria	도시인구	500만 명
재학생 수	54,000명	국제학생 수	23,760명
메인 캠퍼스	Parkville	수의과대학 캠퍼스	Parkville & Werribee
학업 기간	4년	연간 학비	$77,344 (2023년 기준, 인상될 수 있음)
학기 시작	2월/3월	유학생 입학정원	50명 (총 135명)

멜버른대학교(University of Melbourne) 수의학과는 시드니대학교에 이어 호주 내 수의학과 2위를 차지하고 있다. 특히 동물 질병, 동물 복지, 수의학 공중보건, 신경학 및 방사선학, 말 스포츠 의학, 응급 및 중환자 치료와 같은 수의학 연구 분야에서 세계적인 리더로서 인정받고 있다.

수의대 학생들은 호주에서 가장 현대적인 Werribbe의 수의대 교육병원과 멜버른 Parkville의 새로운 교육 공간에서 공부하게 된다. 이 세계적인 수준의 시설은 생명과학에 적합하도록 특별히 설계된 학습환경을 제공하고 있으며 특수 제작된 습식 및 건식 교육 실습실과 다양한 공식 및 비공식 학습 공간을 갖추고 있다.

학·석사 통합과정이 운영되고 있으나, 지원 대상은 호주에서 12학년 자격을 마친 유학생에 한하며 ATAR 95 이상 또는 IB 36 이상의 성적 기준을 충족하여야 한다. 또 다른 전형으로는 멜버른대학교의 Bachelor of Science 과정을 통해 진학하는 방법(accelerated pathway)이 있다. 이 경우 성적 기준은 최소 1·2학년 과학과목 성적 평균이 75% 이상이어야 하며, 선발 과정 전에 Frontiers in Veterinary Science와 biology, biochemistry 과목을 이수해야 한다. Doctor of Veterinary Medicine accelerated pathway/Veterinary Bioscience major로 선발되면 1년간의 학점을 인정받고 수의학박사 과정으로 진급하게 된다. 학업 기간은 학사 3년, 석사 3년으로 총 6년이다.

■ 과정명
　－ Doctor of Veterinary Medicine

■ 지원 자격
　·대학교 졸업 :

성적	과학 관련 전공의 학사 학위 GPA5.6/7.0(Weighted Average Mark: 마지막 2년 성적을 기준으로 하며 최종 학년과 끝에서 두 번째 학년 성적을 3:1의 가중치로 계산)
선수과목	Biology, Biochemistry
영어	IELTS 7.0(W 7.0 / 나머지 영역 6.0+)
	TOEFL 94(R,L 13 / S 18 / W 27)
	PTE 65(W 65 / 나머지 영역 50+)
인터뷰	해당 없음(선발 과정 중 면접이 필요하다고 판단되는 경우 일부 지원자를 인터뷰할 수 있음)

•동물경험 및 입학시험 :

동물경험	필요
입학시험	Casper test
기타	Personal statement 제출

③ University of Queensland

대학 위치	Brisbane, Queensland	도시인구	250만 명
재학생 수	55,044명	국제학생 수	21,000명
메인 캠퍼스	St Lucia	수의과대학 캠퍼스	Gatton
학업 기간	5년	연간 학비	$69,760 (2023년 기준, 인상될 수 있음)
학기 시작	2월	유학생 입학정원	40명 (총 130명)

1936년 첫 입학생을 받은 이래로 퀸즐랜드대학교(University of Queensland: UQ)의 수의과대학은 수의학 분야 전반에 걸친 우수한 연구와 뛰어난 교육 수준을 지속적으로 인정받아 왔다. 이 학교 프로그램은 미국수의학협회(AVMA)의 정식 인증을 받았으며, 졸업생들은 북미 지역에서 수의사로서 실무에 바로 투입될 수 있다.

약 150여 명의 교직원이 근무하는 Gatton 캠퍼스에 있는 수의과대학은 소, 말, 이국적인 반려동물, 가축, 다친 야생동물을 위한 수의과 교육 병원도 운영하고 있다.

Gatton 캠퍼스까지는 브리즈번시에서 차로 약 1시간 10분 정도 소요된다.

- **과정명**
  - Bachelor of Veterinary Science(Honours)

- **지원 자격**
  - 고등학교 졸업 :

성적	IB 37, SAT 1360, CSAT 366, A-level 13.5
선수과목	화학, 수학B, 물리 또는 생물
영어	IELTS 7.0(7.0)
	TOEFL 100(R,L 25 / S 23 / W 27)
	PTE 72(72)
인터뷰	해당 없음

  - 동물경험 및 입학시험 :

동물경험	불필요
입학시험	Casper Test

④ Murdoch University

대학 위치	Perth, Western Australia	도시인구	600만 명
재학생 수	23,000명	국제학생 수	8,500명
메인 캠퍼스	Perth	수의과대학 캠퍼스	Perth
학업 기간	2년+3년	연간 학비	$58,560 (2023년 기준, 인상될 수 있음)
학기 시작	2월	유학생 입학정원	미공개

머독대학교(Murdoch University)의 수의학 과정은 호주 수의사회, 미국 수의사회, 왕립 수의외과학회 등 전 세계 주요 협회의 인가를 받은 과정이다. 수의학 학생들은 Perth 캠퍼스에 있는 수의학 교육 병원, 클리닉, 실습 농장 등의 최첨단 시설에서 실질적인 기술을 배우게 되며, 동물보호소, 퍼스동물원, 호주 및 해외의 다양한 농장 및 수의학 실습을 통해 모든 종류의 동물에 대해 경험하게 된다.

■ 과정명
 － Bachelor of Science + Doctor of Veterinary Medicine

■ 지원 자격
 •고등학교 졸업 :

| 성적 | IB 38, SAT 1190, A-level 15 / 대학교 성적 3.0/4.0 |

성적   IB 38, SAT 1190, A-level 15 / 대학교 성적 3.0/4.0

선수과목   해당 없음

영어   IELTS 7.0(7.0)

           TOEFL 94(27)

           PTE 68(68)

인터뷰   해당 없음

•동물경험 및 입학시험 :

동물경험   필요

입학시험   Casper test

기타   Veterinary Medicine Application Form 제출

5 University of Adelaide

대학 위치	Adelaide, South Australia	도시인구	130만 명
재학생 수	27,000명	국제학생 수	7,900명
메인 캠퍼스	North Terrace	수의과대학 캠퍼스	North Terrace/Roseworthy
학업 기간	3년+3년	연간 학비	$53,500 (2024년 기준, 인상될 수 있음)
학기 시작	2월	유학생 입학정원	미공개

남호주 지역 유일한 수의과대학이다. 애들레이드대학교(University of Adelaide)의 수의학과는 학·석사 통합과정으로 운영되며 반드시 본교의 학사과정을 수료해야만 대학원 과정으로 진학할 수 있다. 학업 첫해에는 North Terrace와 Roseworthy 캠퍼스를 오가며 공부하고, 이후에는 Roseworthy 캠퍼스를 기반으로 공부하게 된다.

■ 과정명
 – Bachelor of Science (Veterinary Bioscience) + Doctor of Veterinary Medicine

■ 지원 자격
  •고등학교 졸업 :

성적	IB 38, SAT 1190(+US high school diploma), CSAT 355, A-level 12
선수과목	Biology, Mathematics, Chemistry 중 1과목
영어	IELTS 7.0(7.0)
	TOEFL 94(R,L 24 / S 23 / W 27)
	PTE 65(65)
인터뷰	Panel Interview

  •동물경험 및 입학시험 :

동물경험	불필요(그러나 지원 과정 중 동물과 수의학 경험에 대해 기재하는 단계가 있다.)
입학시험	Casper test
기타	online questionnaire 제출

대학 위치	Townsville or Cairns, Queensland	도시인구	19만 4,000명
재학생 수	8,220명	국제학생 수	849명
메인 캠퍼스	Townsville	수의과대학 캠퍼스	Townsville
학업 기간	5년	연간 학비	$65,960 (2023년 기준, 인상될 수 있음)
학기 시작	2월	유학생 입학정원	10~15명

제임스쿡대학교(James Cook University: JCU) 수의학과는 학생들에게 동물의학 분야에서 지식과 기술을 습득하고, 동물 건강과 복지를 지원하는 데 필요한 역량을 갖출 수 있도록 프로그램을 제공한다. 이 과정은 첨단시설과 현장경험을 바탕으로 실전적인 학습을 할 수 있도록 학생들에게 다양한 기회를 제공한다.

학교는 자체적으로 운영하는 수의과 및 응급센터를 보유하고 있으며, 학생들은 이곳에서 다양한 동물질환에 대한 치료 및 관리 경험을 쌓을 수 있다. 또한 타운즈빌 서쪽에 위치한 Fletcherview Station과 같은 현지의 소 농장에서도 실전경험을 할 수 있다. 특히 JCU 수의학과는 농촌과 오지의 동물의학적 문제에 초점을 두고 있어 학생들이 다양한 환경에서 동물 건강과 복지 문제를 처리할 수 있도록 돕는다.

■ 과정명

    – Bachelor of Veterinary Biology/Bachelor of Veterinary Science

■ 지원 자격

  • 고등학교 졸업 :

성적	IB 38, SAT 1380, CSAT 기준 없음, A-level 14
선수과목	화학, 수학
영어	IELTS 7.0(7.0)
	TOEFL 94(R,L 24 / S 23 / W 27)
	PTE 65(65)
인터뷰	해당 없음

  • 동물경험 및 입학시험 :

동물경험	필요
입학시험	해당 없음
기타	Written application form 제출

대학 위치	Orange, NSW	도시인구	19만 4,000명
재학생 수	42,300명 (6개 캠퍼스 총합)	국제학생 수	140명 (Orange Campus)
메인 캠퍼스	Orange	수의과대학 캠퍼스	Wagga Wagga
학업 기간	5년	연간 학비	$65,960 (2023년 기준, 인상될 수 있음)
학기 시작	2월	유학생 입학정원	미공개

1989년에 설립된 찰스스터트대학교(Charles Sturt University: CSU)는 뉴사우스웨일스와 남호주 지역을 탐험한 영국 탐험가 찰스 스터트(Charles Sturt) 선장을 기리기 위해 설립되었다. 뉴사우스웨일스(NSW)주에 Albury-Wodonga, Bathurst, Dubbo, Orange, Port Macquarie, Wagga Wagga 총 6곳의 캠퍼스를 운영하고 있다.

수의과대학이 있는 Wagga Wagga 캠퍼스는 시드니와 멜버른에서 비행기로 약 1시간 거리에 위치해 있으며 CSU의 가장 큰 캠퍼스다. CSU의 수의학 과정은 복수 학위 과정으로 수료 이후 호주를 비롯하여 뉴질랜드, 홍콩, 싱가포르, 영국, 남아프리카 등에서 수의사로서 활동할 수 있다.

■ 과정명
  - Bachelor of Veterinary Biology / Bachelor of Veterinary Science

■ 지원 자격

·고등학교 졸업 :

성적	IB 34, SAT 기준 없음, CSAT 기준 없음, A-level 16
선수과목	해당 없음
영어	IELTS 7.0(7.0)
	TOEFL 94(R,L 24 / S 23 / W 27)
	PTE 66(66)
인터뷰	Panel Interview

·동물경험 및 입학시험 :

동물경험	필요
입학시험	해당 없음
기타	Supplementary application form 제출

실전,
입학 준비

PART 3.

CHAPTER 1

의·치대 입학시험

01 의과대학·치과대학 입학시험: ISAT vs UCAT

호주 의과대학 진학을 위해 필수적으로 보는 시험이다. 대학마다 심사 기준으로 채택한 시험이 다르고 일부 학교는 두 시험 중 하나를 선택하여 제출하는 것이 가능하니, 각자 지원하는 대학의 시험 방식과 일정 등을 고려하여 준비하도록 한다.

구분	ISAT(International Student Admission Test)	UCAT(University Clinical Aptitude Test)
개요	지원자의 지적 기술 및 능력을 평가하기 위해 고안된 시험으로 호주교육연구위원회(ACER)가 독자적으로 개발했다. 일부 대학과 호주 학생들은 UCAT 시험이 요구되는 경우가 있으나 현재 대부분의 의대, 치대, 교육대, 언어치료학 등의 학과 지원 시 국제학생들에게 ISAT 시험을 요구하고 있다.	의료 분야에서 지원자의 지적능력, 자세, 전문성 등을 판단하고 적성을 테스트하는 시험이다. 호주 학생들에게만 적용됐던 UCAT 조건을 2022년도부터 국제학생에게도 적용하는 학교들이 늘어나고 있으며 몇몇 학교들은 UCAT 점수를 필수로 요구하고 있다.
시험 유형	온라인/객관식	온라인/객관식
소요 시간	3시간	2시간
문항 구성	• Critical Reasoning • Quantitative Reasoning 총 100문항	• Verbal Reasoning: 44문항 • Decision Making: 29문항 • Quantitative Reasoning: 36문항 • Abstract Reasoning: 50문항 • Situational Judgement Test: 69문항

구분	ISAT(International Student Admission Test)	UCAT(University Clinical Aptitude Test)
시험 일정	• 2023년은 총 네 번의 시험 주기가 있다. • 각 시험 주기별 일정을 확인하고 원하는 일시를 선택하여 접수할 수 있다.	• 2023년의 경우 7월 3일~8월 12일 사이에 시험이 진행되었다. • 시험장별 가능한 시험일정을 확인한 뒤 선택하여 접수한다.
시험장	• 별도로 지정되어 있지 않다.	• 한국의 경우 서울, 대전, 부산 총 3곳에 시험장이 위치하고 있다.
응시 횟수	• 시험 응시 이후 12개월 이내에는 재시험이 불가하다.	• 1년에 1번만 응시할 수 있다.

02 의전원·치전원 입학시험: GAMSAT vs MCAT

구분	GAMSAT(Graduate Medical School Admission Test)	MCAT(Medical College Admission Test)
개요	• 의대 입학을 위한 입학시험으로 호주, 영국, 아일랜드 의대 입학을 희망하는 학생들이 시험을 신청할 수 있고, 매년 3월과 9월 시험을 통해 점수를 제출하게 된다. • 3월 시험은 한국 기준으로 싱가포르가 가장 가까운 시험 센터이고, 9월 시험은 호주에서 보는 것이 가장 좋다. 아쉽게도 아직 한국에는 시험 센터가 없기 때문에 시험 준비와 장소에 제약이 있다는 것을 감안해서 준비해야 한다. 의전원 입시에는 9월 시험보다는 3월 시험이 메인이기 때문에, 9월 시험은 3월 메인 시험을 대비하여 시험 삼아 응시해 보는 경우가 많다.	• 미국의대연합회인 AAMC에서 관장하는 의대 입학시험으로 대학교에서 배우는 생물, 화학, 물리, 심리학, 사회학, 생화학 등을 기초로 하는 시험이다. 호주 의전원 국제학생 전형에서도 GAMSAT과 더불어 MCAT 성적을 제출할 수 있다.
시험 유형	온라인/객관식 & 에세이	온라인/객관식
소요 시간	약 5시간 30분	7시간 30분 (휴식/준비과정 포함)
문항 구성	• Reasoning in Humanities and Social Science: 75문항 • Reasoning in Biological and Physical Sciences: 110문항 • Written Communication: 2문항	• Chemical and Physical Foundations of Biological Systems: 59 문항 • Critical Analysis and Reasoning Skills: 53문항 • Biological and Biochemical Foundations of Living Systems: 59문항 • Psychological, Social and Biological Foundations and Behavior: 59문항
시험 일정	매년 3월과 9월	매년 약 20회

구분	GAMSAT(Graduate Medical School Admission Test)	MCAT(Medical College Admission Test)
시험장	• 호주, 아일랜드, 영국, 뉴질랜드, 싱가포르 • 시험장에서 차로 3시간 이상 떨어진 곳에 있거나 시험 센터가 위치하지 않은 국가에 거주하는 경우 원격시험을 치를 수 있다. 단, 여행 중이거나 선호하는 센터의 정원이 다 찬 경우엔 이용할 수 없다.	• 미국, 호주, 중국, 홍콩, 프랑스, 독일, 일본, 싱가포르 등을 포함한 여러 국가에 시험장이 있으나 한국에는 시험장이 없다.
응시 횟수	제한 없음	1년에 최대 3회 응시 가능 (응시자마다 평생 7회까지 응시 가능하다.)
점수 범위	• 세 영역은 각각 0~100점 척도로 채점되며, 이 점수는 백분율이 아니다. • Overall score은 세 영역에 대한 점수의 가중평균치이며 다음과 같은 방법으로 계산된다. • Overall score = (1 × Section Ⅰ +1 × Section Ⅱ +2 × Section Ⅲ)÷4	• 영역당 118~132점(최고점) 척도로 채점되며 총점은 472점부터 528점(최고점)이다. 채점은 백분율로 이뤄진다.

CHAPTER 2

인터뷰

호주 의대, 치대, 수의대 선발과정 중 가장 마지막 단계이다. 의과대학에서 면접을 중요시하는 이유는 의사가 되는 데는 학문적 역량 이상의 것이 필요하기 때문이다. 의학 분야에서 성공하려면 성실성, 이타심, 자기조절 능력이 필요하다. 따라서 대학은 의사소통, 팀워크 및 대인관계 기술을 평가하기 위해 인터뷰를 도입한다. 대부분의 경우 면접 단계 이전의 고교 성적과 UCAT/ISAT 점수에 관계없이 면접 응시자 중 가장 우수한 지원자를 선발한다. 그러나 성적과 입학시험 그리고 인터뷰의 비중을 동일하게 심사하는 대학도 있다.

학교마다 인터뷰 유형이 다르므로 유형별 특징을 파악하고 그에 걸맞는 준비가 필요하다.

01 ▶ MMI: Mini-Multiple Interview

MMI 면접 평가 방식은 면접관의 편견을 최소화하기 위해 고안된 시스템이다. 전통적인 면접 방식은 의과대학에서의 학업 성과를 예측하기에는 부적합하다는 문제를 해결하기 위해 2001년 캐나다 온타리오의 맥마스터 의과대학에서 개발하였다.

MMI 면접은 짧고 집중적인 면접 스테이션으로 구성된다. 각 MMI 질문은 별도의 시험관이 별도의 방에서 묻는데, 대부분의 의과대학은 긴 복도 양쪽에 여러 개의 방을 두고 면접을 진행한다. 이러한 형식은 코로나 팬데믹 이후 온라인 MMI로 대부분 대체되었으며 온라인상의 station room을 오가며 인터뷰하게 된다.

MMI는 보통 5~12개의 스테이션으로 구성되고 일반적으로 총 1시간 이상 소요되나, 학교마다 스테이션 수와 각 스테이션에 할당된 시간이 다르다. 꼭 기억해야 할 것은 답변시간이 제한적이며 그 시간에 엄격하게 진행된다는 것이다. 중앙 감독관은 각 면접실에 입장할 때와 각 면접 스테이션이 끝났을 때를 알린다. 각 스테이션에 배정된 면접관은 응시자에게 추가 시간을 부여할 수 없으며 주어진 시간 이후의 답변에 대해 점수를 줄 수 없다. 개별 스테이션에 할당된 시간은 약 5~12분 사이로 다양하며 각 질문에 대한 답변시간은 약 1~2분 정도로 짧게 주어진다. 따라서 MMI에서는 정확하게 답변하는 것이 매우 중요하며 불필요한 단어나 구문(예: um, ah, like, you know, basically, actually, literally)을 빼고 간결하게 답변하도록 노력하는 것이 중요하다.

MMI는 다음과 같이 크게 세 가지 유형으로 구분할 수 있고 이를 통해 면접관은 지원자의 임상 지식이 아니라 어려운 시나리오를 헤쳐 나가는 능력, 성숙함, 연민 등의 자질을 평가한다.

① Question/Discussion: 의사소통 능력, 논리적 추론 및 전문성을 평가한다.
② Scenario/Action: 공감을 표현하고, 사회적으로 상호작용하며, 문제해결 능력을 평가한다.
③ Task/Collaboration: 다른 사람과 팀으로 협력하여 문제를 해결하는 능력에 대해 평가한다.

MMI 답변은 표준화된 기준 평가표를 따라 점수가 매겨지며, 면접관은 후보자의 전반적인 인상에 따라 조금씩 점수를 조정할 수는 있지만, 이는 입학 결정에 중요한 요소가 될 가능성은 적다.

02 Panel Interview

Panel Interview 방식은 MMI에 비해 과학적 엄밀성이 떨어지기 때문에 대부분의 의대 면접에서 선호되지 않는 것이 사실이다. 그럼에도 불구하고 일부 의과대학이 '전통적인 면접' 형식을 유지하는 데는 특별한 이유가 있다. 지원자의 비전과 가치가

학교의 철학과 잘 맞는지를 평가하고자 하기 때문이다. 이러한 대학들은 단순히 표준화된 시험으로 지원자를 평가하는 것보다는 학교의 교육 목표와 철학에 부합하는 학생들을 선발하려는 의도를 가지고 있다.

이러한 전통적인 면접 형식을 유지하는 곳으로는 제임스쿡대학교(James Cook University)가 대표적이다. 이 대학은 자체적인 비전과 가치를 중요시하며, 위치적인 특성상 원주민과 열대 지역의 건강 문제에 주목하고 시골과 외진 지역에서의 의학과 치과 서비스에 대한 지원과 연구를 강조하고 있다. 따라서 지원자는 인터뷰를 통해 이러한 주제에 대한 이해를 명확하게 시사하고 해당 분야에 대한 본인의 관심을 정당화해야 한다.

패널 면접은 대략 40~45분 동안 진행되며, 일반적으로 3명으로 구성된 위원회의 질문에 답변하는 방식이다. 위원들은 다양한 경험과 관점을 가지고 있으며, 교수진과 지역사회 구성원이 포함될 수 있다.

앞서 설명한 MMI에서 지원자는 여러 방을 순환하면서 각 문 뒤에서 '새로운 시작'을 맞이하게 된다. 각 스테이션의 면접관은 이전 스테이션의 성과를 알지 못하기 때문에 각 질문은 새로운 성공의 기회가 된다는 이점이 있다. 그러나, 패널 인터뷰에서는 이러한 이점을 기대하기 어렵다.

패널 인터뷰의 주요 함의는 지원자가 면접 패널과의 관계를 형성하는 방식에 있다. MMI에서 좋은 관계를 형성한다는 것은 문을 두드리고 힘차게 문을 열며 예의 바른 인사를 하는 것에 그칠 수 있지만, 패널 면접은 그렇지 않다. 패널 면접에서는 면접관과 30분 이상(학교에 따라 시간은 상이할 수 있다)의 긴 시간 동안 다양한 주제에 대해 이야기하게 된다.

응시자가 패널 인터뷰에서 성공하기 위해서는 개인적인 친밀감이 중요한 요소임을 고려할 때, 답변의 일관성을 유지하는 것은 매우 중요하다. 면접관의 호감을 얻으려면 개성을 가지면서도 진심을 담은 답변을 하는 것이 가장 매력적인 요소가 될 것이다.

03   Semi-structured Interview

많지는 않지만 MMI나 Panel Interview와는 다른 Semi-structured 면접 형식을 가지고 있는 대학도 있다. 이 형식은 면접 질문이 미리 정해져 있지만 면접관들이 질문에 따라 후속 질문을 유연하게 추가할 수 있는 구조이다. 일정한 질문 목록을 통해 면접의 일관성을 유지하면서도, 유연하게 대화하면서 지원자의 개인적인 면을 더 깊이 파악하고, 지원자가 의학적인 역량과 동시에 사회적, 인성적인 측면에서도 적합한지를 평가할 수 있다. 플린더스대학교(Flinders University)의 면접이 Semi-structured 인터뷰의 대표적인 예이다.

04   의과대학별 인터뷰 방식

다음은 의과대학별 인터뷰 방식을 유형별로 구분한 표이다. 이외에 치대와 수의대 또한 일부 대학에서 인터뷰를 보지만 대부분 panel interview의 형태를 띠고 있다.

호주 의과대학이 채택한 인터뷰 방식

Universities	Degree	Panel Interview	MMI	Semi-structured
University of Newcastle & University of England (JMP)	학부	■		
UNSW	학부	■		
Western Sydney University	학부		■	
Monash University	학부		■	
James Cook University	학부		■	
University of Adelaide	학부		■	
Curtin University	학부			
University of Tasmania	학부			
Flinders University	학부			■
	의전원			■
Macquarie University	학부		■	
	의전원		■	
University of Sydney	학부	■		
	의전원		■	

Universities	Degree	Panel Interview	MMI	Semi-structured
University of Melbourne	학부		■	
	의전원		■	
Griffith University	학부			
	의전원		■	
University of Queensland	학부		■	
	의전원		■	
University of Western Australia	학부	■		
	의전원	■		
University of Notre Dame	의전원		■	
University of Wollongong	의전원		■	
Australian National University	의전원		■	
Deakin University	의전원		■	

CHAPTER 3

수의대 입학시험과 지원서류

01 Casper Test(SJT: Situation Judgement Test)

Casper test는 학업 성과만으로는 확인할 수 없는 윤리, 공감, 문제 해결, 협업과 같은 사회적 지능과 전문성의 측면을 평가하는 상황판단시험이다. 지원자들에게 다양한 시나리오를 제시하고 각 시나리오 속에서 어떤 대응을 할 것인지, 그 이유는 무엇인지에 대해 질문한다.

이 시험은 지식을 평가하기 위함이 아니라 학업을 충실히 이행할 수 있는 지원자의 기본적 자질과 소양을 보는 시험이기 때문에 시험 내용이 어렵지는 않다. 다만 답변을 작성하는데 주어지는 시간이 짧으므로 영어 능력이 미흡하다면 좋은 결과를 받기 어려울 수 있다.

시험 유형	온라인/주관식
소요 시간	약 90~110분
문항 구성	총 14개의 시나리오가 제시되며 각 시나리오 당 3개의 질문이 주어진다. • Typed response section 시나리오 8개 • Video response section 시나리오 6개
시험 일정	매년 하반기에 월별로 하루의 시험일이 결정되며 총 5~6회 정도 진행된다.
시험장	원하는 장소에서 응시 가능
응시 횟수	매년 시험 일정 중 1회 응시 가능

　　호주 수의과 대학 중 일부 대학은 동물과 관련된 경험과 경력을 요구한다. 이 경우 대학에서 주어지는 양식에 맞춰 경력기술서(statement) 및 증빙서류를 준비해야 한다.

　　학교마다 형태는 조금씩 다르지만 일반적으로 경험과 경력에 대한 증빙서류, 다양한 형식의 기술서, 그리고 추천인 정보 및 CV 등의 서류가 요구된다. 대학과 과정별로 준비해야 하는 서류의 상세내용은 다음과 같다.

(1) University of Sydney

Bachelor of Veterinary Biology and Doctor of Veterinary Medicine: commitment to Veterinary Science form 제출 필수

　　Commitment to Veterinary Science form은 지원자의 동물 건강과 복지에 대한 관심과 공헌도, 수의학적 연습(실습)에 대한 경력을 파악하는 데 목적이 있다. 이에 대한 증거 자료로 가족 배경, 교회 체험, 아르바이트 및 자원 봉사, 동물과 관련된 특별한 관심사 등을 제출할 수 있다.

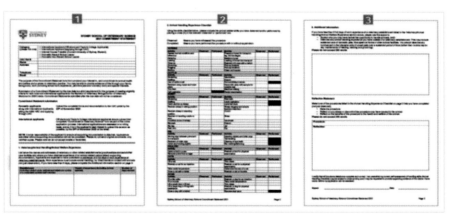

시드니대학교 동물 관련 경력기술서 샘플

　　Commitment to Veterinary Science form은 각 ① Veterinary/Animal Handling/Animal Welfare Experience 동물 경험 이력을 작성하는 파트, ② Animal Handling Experience Checklist 경험했던 활동에 대해 표기하는 체크리스트, ③ Statement 2개

문항까지 총 세 영역으로 구성되어 있다.

시드니대학교에서 요구하는 동물 경험 일수는 Full 5 days이기 때문에 많은 시간과 경험을 쌓아야 합격하는 것은 아니다. 자신의 경험을 일목요연하게 정리하고 그에 대한 증빙서류를 첨부하며, statement 문항의 요점을 파악하여 정확한 답변을 하는 것이 중요하다.

Doctor of Veterinary Medicine: Admission Statement 제출 필수

해당 양식은 크게 Experience and Employment Information 수의학 및 비수의학 경력 및 고용 세부 정보를 간략하게 작성하는 부분과 Personal Statement 부분으로 구성된다.

경험과 경력에 대해서는 아래 예시대로 주어진 표를 작성하게 되고, 최근 3년 이내에 최소 28일(4주) 이상의 동물 관련 경험 및 경력이 요구된다. 이와 함께 증빙서류 역시 제출되어야 한다.

Experience Type (Animal Related/ Veterinary/ Employment)	Animal related experience	Experience Dates	10-03-2020 to 21-03-2020
Recognition Type (Paid/Volunteer)	Volunteer	Status (Full-time/ Part time)	Full-time
Title	Kennel assistant	Hours per Week	35
Employer Name	Every Veterinary Clinic	Total Weeks	2 weeks (12 days)
Supervisor Name	Ms J Smith	Total Hours	70
Email Address	jsmith@zmail.com	Experience Details (Include activities undertaken, level of supervision etc).	Feeding hospitalised dogs and cats, and cleaning cages Walking dogs Administering tablets to dogs Restraining animals for veterinary examination
Contact Number	(02) 1111 1111	Animal Types (List species)	Cats, dogs

시드니대학교 동물 관련 경력기술서 샘플

자기소개서(Personal Statement)는 3,000자를 초과하지 않는 한 페이지 분량의 에세이로, 수의학 입학위원회에 당신이 누구인지, 무엇보다도 왜 수의학 분야에서 직업을 추구하고자 하는지에 대한 명확한 그림을 그려 주어야 한다.

(2) Murdoch University

Bachelor of Science/Doctor of Veterinary Medicine Application form 제출
수의학과 관련된 경험을 최대 6가지까지 작성하게 되어 있다.

(3) University of Adelaide

지원 절차 중 설문지(Questionnaire)에 답변을 작성하도록 되어 있다. 이 설문지는
동물과 관련된 지원자의 경험과 수의학에 대한 관심 및 지식에 대해 질문한다. 최소
혹은 최대 시간이나 특정 종에 대한 경험이 특별히 요구되는 것은 아니며, 이전에 수
의학 업계에서 일한 경험이 꼭 있어야 하는 것도 아니다. 그러나 경쟁력을 높이기 위
해 동물 관련 경험을 쌓은 뒤 지원하는 것이 좋다.

(4) James Cook University (JCU)

수의학과 전용 지원서(Written Application Form)를 제출해야 하며 지원서 상의 4가
지 질문에 대한 statement를 작성해야 한다. 질문은 다음과 같다(2023년 기준).

- Why do you wish to pursue a career in veterinary science?
- Tell us why you are interested in enrolling in a Veterinary Science course which has a strong focus on rural, regional and tropical practice?
- Provide details of any activities (paid employment, work experience or voluntary) you have undertaken, in addition to yours studies, which indicate your motivation to study veterinary science at JCU.
- Provide any other information you believe will support your application for veterinary science.

(5) Charles Sturt University (CSU)

CSU 수의학과 지원 시 제출하게 하는 supplementary application form은
〈SECTION 1〉 CSU에서 제시하는 동물 산업과 관련된 주제에 대해 논의하고 찬/반
근거를 제시하는 파트, 〈SECTION 2〉 CSU 수의과대학 학장에게 작성하는 편지 형

식의 statement, 그리고 〈SECTION 3〉 최근 7년 이내의 축산/수의학 경험에 대해 기재하는 파트 등 총 세 개 영역으로 구성되어 있다.

CSU 동물 관련 경력기술서 샘플
SECTION1: ISSUES FACING AUSTRALIA ANIMAL INDUSTRIES
SECTION2: LETTER TO THE HEAD OF THE SCHOOL OF AGRICULTURAL, ENVIRONMENTAL AND VETERINARY SCIENCES
SECTION3: ANIMAL HUSBANDARY / VETERINARY EXPERIENCE

(6) University of Melbourne

DVM Personal Statement

동물병원, 동물보호소, 동물원, 야생동물 보호구역, 동물건강 연구소 등에서 수행한 관련업무 경험을 기재하는 Relevant Work Experience와, 앞서 기술된 업무 경력 외에 관련 개인 성과를 500자 이내로 서술하는 Additional information, 두 영역으로 구성되어 있다.

About
Australia

PART 4.

CHAPTER 1

기본 상식

"G'day, mate!"

호주는 대륙 본토와 태즈메이니아(Tasmania) 섬,
이루어진 국가로 오세아니아에서 첫 번째, 세계에서
이다. 면적은 한반도의 35배에 달하며 인구는 약 2
정도이다.

호주는 세계에서 가장 다문화적인 국가 중 하나
자가 거주하고 있다. 이는 호주 인구의 약 30%를 차
를 방문하는 외국인에게 친절하고 호의적인 분위기
축제, 이벤트 등을 경험할 수 있게 한다.

호주의 라이프 스타일은 '여유로움'이라는 단어로
들은 여가를 사랑하며 야외 활동을 즐긴다. 식당과
을 취하고, 스포츠를 관람하며 가족과 친구들과 소?

01　호주의 표준 알기

① 화폐단위

호주 공식 화폐 단위는 호주 달러(A$ 또는 AU$되
이다.

1달러가 100센트이며 지폐는 다섯 종류, 동전은 여섯 종류가 유통되고 있다.

② 전압 및 전기

230V 50Hz. 전기 플러그는 I 타입으로 세로로 배치된 3개의 핀으로 이루어져 있다. 한국에서 사용하는 것과는 다르기 때문에 별도의 변환 어댑터가 필요하다. 이 어댑터는 호주의 Bunnings Warehouse, Officeworks, JB Hi-Fi와 같은 매장에서 구입할 수 있다.

③ 날씨와 기후

광대한 호주에는 다양한 기후대가 분포한다. 호주 동부 해안의 인구 밀집 지역을 포함하여 대부분 지역은 따뜻한 기후이다. 북부 연안의 다윈, 케언스, 타운즈빌에는 열대기후로 덥고 습한 우기와 따뜻한 건기의 두 계절이 있으며, 중남부 연안은 온대 ~냉온대 기후로 사계절이 있다. 대륙 중앙부는 건조한 사막기후이다.

④ 시간대

호주에는 3개의 시간대가 있다. 동해안의 각 주는 한국과 1시간 차이(한국시간 +1), 중앙부는 동부와 30분 차이(한국시간 +30분), 서부는 동부와 2시간 차이(한국시간 -1)가 난다. 또 원칙적으로 10월 마지막 일요일부터 3월 마지막 일요일까지 뉴사우스웨일스, 빅토리아, 캔버라, 태즈메이니아(10월 첫째 일요일부터), 남호주에서는 서머타임(현지에서는 '데이라이트 세이빙(daylight saving)'이라고 한다.)을 실시한다.

⑤ 교통수단

호주는 대중교통 수단이 잘 발달되어 있다. 주요 도시에서는 아래와 같은 다양한 대중교통 수단을 이용할 수 있다.

- 버스: 호주의 대부분 도시와 지역에는 시내버스가 운영되고 있다. 버스 노선은 주요 지역과 교외 지역을 연결해 주며 노선마다 시간표와 노선도가 제공된다.
- 전철: 주요 도시인 시드니, 멜버른, 브리즈번, 퍼스에서는 지하철 또는 전철이

운행된다. 시내와 교외를 연결하는 노선들이 있어 교통 체증을 피하고 **빠르게** 이동할 수 있다.

- 트램: 멜버른과 애들레이드 등 일부 도시에서는 트램이 운행된다. 트램은 시내를 횡단하며 버스나 지하철과 유사한 역할을 한다.
- 택시: 대부분 도시에서 택시 서비스를 이용할 수 있다. 택시는 편리하지만, 요금이 상대적으로 높은 편이다. 우버(Uber)와 디디(DiDi) 같은 공유차량 서비스 플랫폼을 통해 택시 서비스를 이용할 수도 있다.
- 페리: 해안 도시인 시드니와 큰 강이 흐르는 브리즈번 등에서는 페리가 운행된다. 페리는 도시의 아름다운 경치를 즐길 수 있는 좋은 교통수단이다.

02 호주의 교육 제도

호주의 교육 제도는 초등학교(Primary), 중고등학교(Secondary), 전문대학(TAFE/College), 정규대학(University)으로 나뉘어져 있다. 초등학교부터 고등학교까지인 1학년부터 12학년까지는 의무 교육과정이며, 전문대학은 전공에 따라 Certificate I ~ IV, Diploma, Advanced Diploma(준학사) 과정을 제공한다. 대학에서는 학사, 석사, 연구석사, 박사 학위 프로그램이 제공되며, 학생들은 자신의 학력과 목표에 맞게 다양한 입학 방법을 선택할 수 있다.

초등학교부터 고등학교까지는 1년을 4학기로 나누어 1월, 4월, 7월, 10월에 새 학기가 시작되며, 전문대학은 1년을 2학기 또는 4학기로 나누어 강의를 진행한다. 대학교는 학교에 따라 1년에 3학기(Trimester) 또는 2학기(Semester)로 운영되며, 첫 학기는 한국과 비슷하게 2월과 3월 사이에 시작된다.

교육 단계는 AQF(Australian Qualifications Framework)라는 표준화된 자격 프레임워크를 통해 분류된다. AQF는 호주에서 학위나 자격을 취득한 사람들이 그 자격의 레벨과 내용을 이해하고 인정받을 수 있도록 도와주며, 국제적으로도 인정되는 표준화된 시스템이다. 이를 통해 호주에서 취득한 자격이 다른 국가에서도 인정받을 수 있다. 학생 비자 요건을 충족하는 학생들은 이를 통하여 용이하게 다음 교육 단계로 진학하고 다른 교육 기관으로 옮길 수 있다.

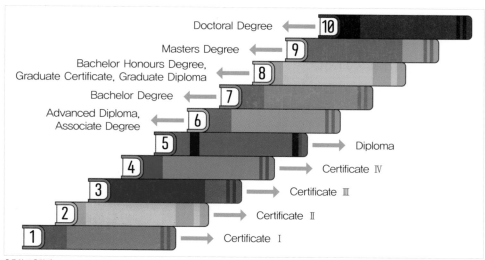

호주의 교육단계

(1) 정규대학(University)

호주에는 43개의 대학교가 있으며, 이들 대학교는 경영과 통상, 인문학, 공학, 과학, 법학, 보건과학 등 다양한 분야의 과정을 제공한다. 2023년 QS 세계대학 랭킹에 따르면 상위 100위 안에 랭크된 호주의 대학은 총 8개교로 전체 대학 수 대비 약 20%에 해당하는 큰 비중을 차지하고 있음을 알 수 있다. 세계대학 랭킹에서는 매년 더 많은 호주 대학들이 상위 100위 안에 이름을 올리고 있으며, 이들 대학은 연구 및 개발 분야에 지속적으로 대규모로 투자하고 있다. 특히 호주의 연구 중심 대학교 연합인 'Group of 8(G8)'의 대학들은 세계적으로 인정받는 명문 대학으로, 여러 노벨상 수상자를 배출한 바 있다. 학생들은 자신의 학력과 상황에 따라 대학 예비 과정(Foundation)이나 편입 과정(Pathway)을 통해 대학 1학년 또는 2학년에 진학할 수 있어, 다양한 입학 방법을 선택할 수 있다.

(2) 대학 예비 과정(Foundation)과 편입 과정(Pathway)

대학 입학 요건을 충족하지 못하거나, 비영어권 출신이거나, 과정이나 커리어를 변경하고자 하는 학생들에게 패스웨이 프로그램은 학업에 쉽게 적응할 수 있는 수단을 제공한다.

(3) 전문대학(TAFE/College)

전문대(컬리지) 과정은 직업 교육 및 훈련(VET : Vocational Education and Training)이라고 불린다. 이 VET 프로그램은 크게 TAFE(Technical and Further Education)라는 주 정부 기술대학과 사립대학이 운영하는 학과로 나뉜다. 전공에 따라 수료증 과정(Certificate I~IV), 전문학사(Diploma), 고급 전문학사(Advanced Diploma) 단계의 과정을 제공한다. 이러한 과정은 이론수업과 실습을 조화롭게 결합하여 학생들이 전문적인 기술과 실무 능력을 함양할 수 있도록 중점을 두고 있다. 과정에 따라 졸업 후에는 대학교로 편입이 가능하다.

CHAPTER 2

Study and Live in Australia

---

01 유학생활과 비용

(1) 비자

호주에서 4개월 이상 공부할 계획이라면 학생비자를 준비해야 한다. 신청할 수 있는 학생비자의 종류에는 몇 가지가 있다.

학생 비자(student visa subclass 500)

호주에 오는 대부분의 사람들은 subclass 500 비자를 신청한다. 이 비자가 있으면 CRICOS에 등록된 기관 및 과정에서 최대 5년 동안 호주에서 공부할 수 있다. 학생 비자는 기본적으로 취업 겸 학업 비자이므로 2주당 최대 40시간 동안 합법적으로 일할 수 있다. 더불어 가족을 동반할 수 있으며 비자 유효기간 동안 원하는 만큼 여러 번 호주 외부로 여행을 할 수도 있다. 물론 18세 미만인 경우 적절한 복지 대책이 마련되어 있어야 한다.

졸업생 임시비자(subclass 485)

졸업생 임시비자로 알려진 subclass 485 비자는 호주 고등 교육을 완료한 적격한 유학생이 호주에 머물면서 업무 경험을 쌓을 수 있도록 한다.

직업훈련 비자(subclass 407)

직업훈련 비자가 있으면 직장 기반의 직업훈련 활동에 참여해 직업이나 학문 분야에 대한 기술을 발달시키거나 전문 개발 훈련 프로그램에 참여할 수 있다. 최대 2년간 유효한 임시비자인 Subclass 407 비자를 받으려면 승인된 기관의 후원을 받아야한다. 후원기간이 연방 정부기관(Commonwealth Government agency)이 아닌 한, 후원기간에서 직업훈련 프로그램에 참여할 수 있도록 지명되어야 한다.

워킹 홀리데이 비자(Working Holiday Visa subclass 417 / Work and Holiday Visa subclass 462)

최대 12개월 동안 장기간의 휴가를 보내기 위해 호주에 와서 일하면서 여행 자금을 보탤 수 있도록 한 비자이다. 두 종류 모두 단기 취업을 통해 휴가비를 벌면서 최대 4개월 동안 공부할 수 있다.

(2) 유학생 건강 보험(OSHC)

호주의 모든 학생은 체류기간 전체를 커버할 수 있는 OSHC(Overseas student Health Cover)가 있어야 하는데, 이를 제공하는 보험사에는 nib, Bupa, Medibank, Allianz 등이 있다. 모든 진료 예약 방문 때마다 OSHC 카드와 사진이 있는 신분증을 소지해야 한다.

OSHC는 병원 내외 의료 지원, 처방약 및 구급차 지원을 보장한다. 가입한 보험 및 제공기관에 따라 추가 서비스에 대한 보장이 있을 수 있으며 원치 않는 요금이 청구되지 않도록 보장 내용을 제대로 파악해야 한다.

(3) 학비

생활비에서 가장 큰 부분을 차지하는 것은 학비일 것이다. 학교, 지역, 학업 과정에 따라 큰 차이가 있으나 대략적인 금액은 다음과 같다.

학교 :	A$7,800~30,000(연간)
어학원 :	주당 약 $300
직업 교육 및 훈련(Certificate I~IV, 준학사 및 고급 준학사) :	
	A$4,000~22,000(연간)
학사학위 :	A$20,000~45,000(연간)
석사학위 :	A$22,000~50,000(연간)
박사학위 :	A$25,000~60,000(연간)

수의학과 및 의학과와 같은 고급 과정은 포함되지 않았으며, 박사학위는 참여하는 학생들을 위한 장학금 및 연구 지원 프로그램을 제공하기도 하므로, 대학의 공식 웹사이트 또는 교육상담 담당자와 상담하여 자세한 정보를 얻어야 한다.

(4) 주거비

호주의 숙소 유형은 크게 학교 기숙사(on-campus accommodation), 학생전용 숙소, 홈스테이/셰어하우스, 개인임대로 나뉜다.

학교 기숙사(on-campus accommodation) 1주 평균 주거비: A$300~600

호주에 처음 방문하는 학생들이 가장 선호하는 숙소 유형으로, 캠퍼스 내 또는 가까이에 기숙사가 위치해 있기 때문에 안전하고 학교 통학이 용이하다는 장점이 있다. 그만큼 숙소 신청 마감이 빨리 되므로 미리 신청해 두는 것이 좋다.

학생전용 숙소(off-campus accommodation) 1주 평균 주거비: A$300~600

학교 근거리에 위치한 학생전용 숙소로 일반적으로 침실을 1개에서 5개까지 수용하는 다양한 크기의 아파트 형태이다. 가구가 완비된 방들과 부대시설 등이 잘 갖춰져 있는 것이 장점이다.

홈스테이 A$300~400 / 셰어하우스 A$150~300(도심과 멀어질수록 저렴해진다)

홈스테이 환경에서는 호주인 가족과 그들의 집에서 함께 살게 된다. 수도, 전기, 가스와 같은 요금과 인터넷은 호스트 가족이 부담하며, 대부분의 경우 식사도 제공된다. 진정한 호주 경험을 원하는 사람들은 현지인들과 함께 살 수 있는 홈스테이를 선호할 수 있고 더불어 호스트 가족으로부터 추가적인 도움도 기대할 수 있다. 다만, 대부분 홈스테이는 교육 제공기관과 멀리 떨어져 있어 등·하교 거리가 길어질 수 있다. 대중교통 옵션을 살펴보고 캠퍼스로 가는 길이 어떨지 확인해 보아야 한다.

쉐어하우스는 말 그대로 한 거주 공간에 여러 명이 모여 사는 주거 형태를 의미한다. 방 조건에 따라 다르지만 타 숙소에 비해 비교적 숙박비용이 저렴하며 짧은 계약기간으로 이사가 용이하다는 장점이 있다. 그러나 개인 소유의 집이기 때문에 타 숙소에 비해 신뢰성이 다소 떨어질 수 있으니 꼼꼼히 확인한 뒤 계약을 하도록 한다.

개인임대 1주 평균 주거비: A$200~700

독립을 선호한다면 개인임대가 적합할 수 있다. 이런 숙박 유형에서는 혼자 또는 다른 사람들과 함께 아파트나 주택을 임대할 수 있다. 다른 사람들과 함께 살면 생활비를 줄일 수 있고, 혼자 사는 것도 좋은 경험이 될 수 있지만 새 지역사회에 아는 사람이 많지 않은 경우에는 외로울 수 있다. 또한, 개인임대에는 가구가 포함되지 않는 경우도 있다.

⑸ 대중교통

호주의 대부분 주요 도시에서는 한국의 티머니와 같은 선불 교통카드를 사용한다. 각 주마다 국제학생 할인 제도에 대한 고유의 규칙이 있으니, 유학지에 따라 미리 알아둘 필요가 있다. 할 카드가 있는 경우 대중교통을 이용하는 데 주당 A$25 정도 소비한다고 예상할 수 있다. 할인카드가 없는 경우에는 이용하는 정도에 따라 최대 주당 A$60를 소비할 수 있다.

교통카드는 공항, 기차역, 주요 버스정류장, 자동판매기, 세븐일레븐과 같은 편의

점, 뉴스에이전시, 약국, 슈퍼마켓 등에서 구입할 수 있으며 카드에 따라 구입 시 카드보증금이 있거나(카드 반납 시 환불) 최소 충전액 기준이 있을 수 있다. 잔액 충전 역시 구입처에서 할 수 있다.

주요 도시별 교통카드	
브리즈번	Translink Go Card(기차, 트램, 버스, 페리)
멜번	myki(기차, 트램, 버스)
시드니	Opal Card(기차, 트램, 버스, 페리)
애들레이드	Metro Card(기차, 트램, 버스)
퍼스	SmartRider(기차, 트램, 버스)
호바트(태즈메이니아)	Metro Greencard(버스)
캔버라	MyWay(버스)
다윈	Tap and Ride Card(버스)

(6) 식료품

식료품에 소비하는 돈은 선호하는 음식에 따라 다르겠지만, 한 주에 A$100~200 정도로 예상할 수 있다. 일반 식품들의 가격은 대략 다음과 같다.

쌀 5kg	:	A$7
풀크림 우유 1L 1병	:	A$1.15~3.70
닭가슴살 2개	:	A$8.50~10.50
당근 1kg	:	A$1.50~2
사과 1kg	:	A$4.90~7.50

(7) 엔터테인먼트 및 취미

엔터테인먼트 및 취미에 드는 경비는 관심사에 따라 크게 달라진다. 예를 들어, 운동을 좋아한다면 헬스클럽에 가입할 수 있다. 지역과 선택하는 멤버십에 따라 경비는 주당 A$17~40이다. 영화 팬이라면, 호주의 시네마 티켓은 보통 A$10~20이다.

02 은행과 모바일

(1) 은행

호주의 주요 은행은 Commonwealth Bank, ANZ, nab, Wespac 등이 있다. 은행 계좌 유형은 크게 Classic Account(이자가 거의 없으나 자유롭게 입출금 가능)와 Saving Account(이자가 소액 발생하며 돈을 사용하려면 classic account로 옮겨서 사용해야 한다)로 나뉜다. 은행 계좌가 개설되면 은행카드를 신청할 수 있다. 이때 한국과 같이 종이통장을 발행해 주진 않기 때문에, 은행별 인터넷 뱅킹 또는 은행 어플을 사용하게 된다.

호주 계좌번호는 은행번호(Bank State Branch, BSB)와 계좌번호(Account Number)로 구성되어 있으며 이체하려면 이 두 가지 정보가 모두 필요하다.

(2) 모바일

호주 대표 통신사로는 Optus, Voda, Telstra가 있다. 학업할 교육기관이 도심에 위치한 경우 사용성과 이용금액이 무난한 Optus를, 교외 지역에 위치한 경우 요금은 비싸지만 호주 전역으로 통신망이 발달한 Telstra를 주로 이용한다.

호주의 모바일 요금제는 크게 선불요금제(Prepaide)와 약정요금제(Mobile phone plan) 두 가지로 나누어지며 한국에서 사용하던 모바일기기에 유심칩만 구입하여 끼우면 호주 통신사를 이용할 수 있다.

호주 공항에 도착하면 공항청사 내에 위치한 통신사 부스에서 선불 SIM 카드를 손쉽게 구입 및 개통할 수 있다. 선불요금제는 보통 한 달 단위로 사용하게 되므로, 첫 달에 이용해 보면서 다른 통신사와 요금제를 비교해 보는 것이 좋다.

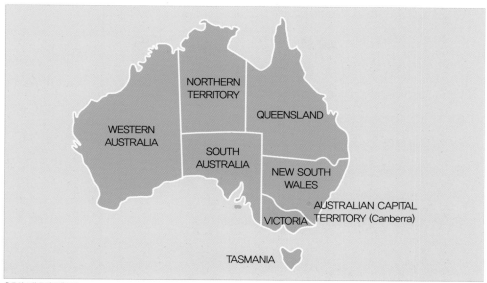

호주의 6개 주와 2개 준주

(1) 뉴사우스웨일스(New South Wales)주

아름다운 해변, 분주한 도시, 국내 및 세계 최고의 교육기관이 있는 뉴사우스웨일스(NSW)주는 호주에서 가장 인기 있는 유학 목적지 중 하나로 꼽힌다. 다양한 문화가 공존하는 뉴사우스웨일스주에는 190개 이상의 국가에서 온 유학생들이 함께 생활하며 호주 최대의 유학생 커뮤니티를 형성하고 있다.

뉴사우스웨일즈 주 소재 대학교
- ☑ 시드니대학교(University of Sydney)

- 뉴사우스웨일스대학교(University of New South Wales)
- 시드니 공과대학교(University of Technology Sydney)
- 맥쿼리대학교(Macquarie University)
- 호주카톨릭대학교(Australian Catholic University)
- 뉴캐슬대학교(University of Newcastle)
- 서시드니대학교(Western Sydney University)
- 울릉공대학교(University of Wollongong)
- 뉴잉글랜드대학교(University of New England)
- 찰스스터트대학교(Charles Sturt University)
- 서던크로스대학교(Southern Cross University)

(2) 빅토리아(Victoria)주

빅토리아(VIC)주에서는 끝이 없는 장거리 여행, 양조장 투어, 해변 즐기기, 눈 덮인 산의 아름다움, 풍부한 예술과 문화 현장을 즐길 수 있는 다양한 경험들이 기다리고 있다.

주도인 멜버른은 세계에서 가장 활기찬 도시 중 하나이며, 2021 인구조사에 따르면 빅토리아주 인구의 30%가 국외에서 왔으며, 200여 개국의 사람들이 이곳을 찾고 있다. 여기에서는 다양한 문화와 언어가 만나며 독특한 경험을 즐길 수 있다.

학생을 위한 세계 최고의 도시 중 하나로 항상 빅토리아주의 멜버른이 선정된다. 발라랫(Ballarat), 질롱(Geelong), 벤디고(Bendigo)와 같은 작은 도시들도 유학생들에게 인기가 많다. 이러한 도시들은 지역적 이유로 졸업생들에게 더 낮은 생활비와 높은 취업률 등과 같은 추가적인 혜택이 있어 호주에서 더 오래 일하며 살 수 있는 지방 이민 인센티브 혜택 등도 기대해 볼 수 있다.

빅토리아 주 소재 대학교 목록
- ☑ 멜버른대학교(University of Melbourne)
- ☑ 모나시대학교(Monash University)
- ☑ 로열멜버른 공과대학교(Royal Melbourne Institute of Technology)
- ☑ 디킨대학교(Deakin University)
- ☑ 빅토리아대학교(Victoria University),
- ☑ 페더레이션대학교(Federation University Australia)
- ☑ 스윈번 공과대학교(Swinburne University of Technology)
- ☑ 라트로브대학교(La Trobe University)

(3) 퀸즐랜드(Queensland)주

선샤인 스테이트(Sunshine State)로 알려진 퀸즐랜드(QLD)주는 숨이 멎을 듯한 풍경, 멋진 날씨, 사랑스러운 야생동물의 고향이다.

퀸즐랜드주에서는 경이로운 자연환경 속 훌륭한 대학에서 공부할 수 있는 기회를 가질 수 있다. 교실 밖에서는 이색적인 풍경과 활기찬 밤문화 및 편의시설들을 경험할 수 있다. 또한, 퀸즐랜드주는 주도인 브리즈번(Brisbane)을 제외한 모든 지역이 지방으로 간주되므로 졸업 후 추가 이민 혜택을 기대해 볼 수 있다.

퀸즐랜드주 소재 대학교 목록
- ☑ 퀸즐랜드대학교(University of Queensland)

- ☑ 퀸즐랜드 공과대학교(Queensland University of Technology)
- ☑ 그리피스대학교(Griffith University)
- ☑ 선샤인코스트대학교(Sunshine Coast University)
- ☑ 제임스쿡대학교(James Cook University)
- ☑ 본드대학교(Bond University)
- ☑ 서던퀸즐랜드대학교(Southern Queensland University)
- ☑ 센트럴퀸즐랜드대학교(Central Queensland University)

(4) 사우스오스트레일리아(South Australia)주

호주 축제의 주(Festical State)로 알려진 사우스오스트레일리아(SA)주는 연중 내내 행사가 열리며, 아름답고 다양한 풍경(붉은 사막, 녹음이 우거진 푸른 언덕, 백사장 등)을 자랑하는 호주 최대의 와인 생산 지역이 있는 곳이다.

이곳의 고등 교육 기관들은 5명의 노벨상 수상자를 배출해낼 정도로 세계적인 수준이며, TAFE 과정은 졸업 후 취업률이 가장 높다.

사우스오스트레일리아주 소재 대학교 목록

- ☑ 애들레이드대학교(University of Adelaide)
- ☑ 남호주대학교(University of South Australia)
- ☑ 플린더스대학교(Flinders University)
- ☑ 토렌스대학교(Torrens University

(5) 웨스턴오스트레일리아(Western Australia)주

호주에서 가장 넓은 면적을 차지하는 웨스턴오스트레일리아(WA)주는 해안선이 1만 2,500km가 넘는 놀라울 정도로 광활하고 다양한 곳으로, 호주 전체 면적의 거의 1/3을 차지한다.

웨스턴오스트레일리아주 소재 대학교 목록
- ☑ 서호주대학교(Western Australia University)
- ☑ 커틴대학교(Curtin University)
- ☑ 에디슨코완대학교(Edith Cowan University)
- ☑ 머독대학교(Murdoch University)

(6) 호주 수도 특별구(Australia Capital Terrirory)

호주의 수도 캔버라(Canberra)는 포용적인 커뮤니티와 저렴한 생활비 덕분에 세계에서 가장 살기 좋은 도시 중 하나로 꾸준히 선정되고 있다. 이곳 캔버라에 국제적으로 가장 유명한 대학교가 있다. 호주에서 1위, 세계에서 27위를 차지한 호주국립대학교(ANU)는 사회과학, 예술 및 인문학에 특화된 연구 집약적인 대학이다.

ANU는 2011 물리학 업적으로 노벨상을 수상한 브라이언 슈미트 부총장을 비롯해 6명의 노벨상 수상자를 교직원과 동문으로 보유하고 있다. ANU는 특히 졸업생 취업률에서 세계 79위를 차지했으며 호주 졸업 후 호주에서 가장 높은 평균 소득과 가장 낮은 실업률을 자랑하고 있다.

호주 수도 특별구 소재 대학교 목록
- ✅ 호주 국립대학교(Australia National University)
- ✅ 캔버라대학교(University of Canberra)

(7) 태즈메이니아(Tasmania)주

경이로운 절경을 자랑하는 섬 태즈메이니아.

태즈메이니아(TAS)주는 본토와 분리된 호주 최남단의 주이다. 태즈메이니아는 열대 우림과 산맥, 백사장이 어우러진 다양한 자연경관을 자랑한다.

태즈메이니아주 소재 대학교 목록
- ✅ 태즈메이니아대학교(University of Tasmania)

(8) 노던(Northern Territory) 준주

노던 준주(NT)는 이색적이고 아름다운 영토로, 거대한 단일 암석 울룰루(Uluru), 사막 도시 앨리스 스프링스(Alice Springs)부터 해안에 위치한 수도 다윈(Darwin)과 이웃 섬들까지 경이로움으로 가득한 방대한 지역이다.

노던 준주 소재 대학교 목록
    ◉ 찰스다윈대학교(Charles Darwin University)

04   호주의 최고 명문 대학그룹 G8(Group of Eight Australia)

호주 G8(또는 Go8)은 호주의 선도적인 연구중심 대학으로 구성되어 있다. 여기에는 멜버른대학, 호주 국립대학, 시드니대학, 퀸즐랜드대학, 서호주대학, 애들레이드대학, 모나시대학 그리고 뉴사우스웨일스대학이 포함된다.

G8은 장기적으로 지속 가능한 국가 고등교육 및 연구정책의 형성과 전파에 중점을 두며, 동시에 국제적인 엘리트 연합과 연구 파트너십의 개발에서 선도적인 역할을 하고 있다.

G8 대학은 호주 내에서 최고 순위를 유지하고 있으며 이 중 7개 대학은

전 세계 상위 100위 안에, 모든 G8 대학은 세계 랭킹 상위 150위 안에 속한다. 이 순위는 상하이자오퉁대학교(Shanghai Jiao Tong University)의 학술 세계대학 랭킹(ARWU), 타임스 하이어 에듀케이션 랭킹(THES), QS 세계대학 랭킹에서 확인할 수 있다.

또한, G8은 호주 경쟁 보조금(카테고리 1)의 71%를 지원받으며, 최근 호주 연구우수성 평가(ERA)에서 4 또는 5등급('이상' 또는 '세계 수준 이상')을 받은 연구 분야의 비율

이 가장 높았다. G8 연구의 99퍼센트는 세계 수준 이상이다. G8은 매년 연구에 약 65억 달러를 지출하며, 이 중 24억 달러 이상이 의료 및 보건 서비스 연구에 사용되고 있다.

05 호주 GPA 및 학점 산정 기준

(1) 총 이수학점(과목)

호주의 학사학위는 일반적으로 3년 과정이다. 2월부터 6월까지 진행되는 첫 번째 학기를 'Spring Semester' 또는 'Semester1'이라고 부르고, 7월부터 11월까지 진행되는 두 번째 학기를 'Autumn Semester' 또는 'Semester2'라고 부른다. 호주의 여름기간인 12월부터 2월까지에 해당하는 학기를 'Summer Semester', 6월부터 8월까지에 해당하는 'Winter Semester' 기간에는 한국의 계절학기와 동일하게 추가 학점을 취득할 수 있다.

한 학기에는 4과목 정도를 수강하며 한국에 비해 한 과목당 수업의 강도가 높은 편이다. 3년 학사학위 과정 동안 평균 총 24과목을 수강하게 된다.

(2) 평가등급

호주 대학의 학점 시스템은 주로 7점 만점 체계를 사용하며, 학점 평균은 Grade Point Average(GPA)로 표현된다. 대부분의 대학에서는 다음과 같은 학점과 GPA 변환 기준을 따른다.

HD (High Distinction, 최우수)　　　7.0 GPA (85점 이상 백분율 환산)

D (Distinction, 우수)　　　　　　　6.0 GPA (75점 이상 백분율 환산)

C (Credit, 양호)　　　　　　　　　5.0 GPA (65점 이상 백분율 환산)

P (Pass, 통과)　　　　　　　　　　4.0 GPA (50점 이상 백분율 환산)

F (Fail, 낙제)　　　　　　　　　　0.0 GPA (50점 미만 백분율 환산)

여기서 각 학점의 백분율 환산은 학교나 교수의 평가방식에 따라 다를 수 있다.

GPA는 주로 학기별로 계산되며, 학생이 이수한 각 과목의 학점을 해당 학점에 대응하는 GPA로 변환한 후 평균을 구하여 계산된다.

호주 대학 학점표 샘플

HD	High distinction	85 – 100	Awarded when you demonstrate learning outcomes for the unit at an exceptional standard, as defined by grade descriptors or exemplars outlined by your faculty or school.
DI	Distinction	75 – 84	Awarded when you demonstrate the learning outcomes for the unit at a very high standard, as defined by grade descriptors or exemplars outlined by your faculty or school.
CR	Credit	65 – 74	Awarded when you demonstrate the learning outcomes for the unit at a good standard, as defined by grade descriptors or exemplars outlined by your faculty or school.
PS	Pass	55 – 64	Awarded when you demonstrate the learning outcomes for the unit at an acceptable standard, as defined by grade descriptors or exemplars outlined by your faculty or school.
FA	Fail	0 – 49	When you don't meet the learning outcomes for the unit to a satisfactory standard.

(출처: UNSW 홈페이지)

호주 의대 입시의 모든 것

초판 1쇄 인쇄 2024년 08월 02일
초판 1쇄 발행 2024년 08월 12일
지은이 김동욱

펴낸이 김양수
책임편집 이정은
교정교열 연유나

펴낸곳 도서출판 맑은샘
출판등록 제2012-000035
주소 경기도 고양시 일산서구 중앙로 1456 서현프라자 604호
전화 031) 906-5006
팩스 031) 906-5079
홈페이지 www.booksam.kr
블로그 http://blog.naver.com/okbook1234
페이스북 facebook.com/booksam.kr
이메일 okbook1234@naver.com
ISBN 979-11-5778-659-6 (53370)

맑은샘, 휴앤스토리 브랜드와 함께하는 출판사입니다.